Manual de Massagem Ayurvédica

GROUND
livros para uma nova consciência

Harish Johari

Manual de Massagem Ayurvédica

Técnicas Indianas Tradicionais para o Equilíbrio do Corpo e da Mente

Tradução de

Inês A. Lohbauer

2ª edição
2011

EDITORA GROUND

Título original: "Ayurvedic Massage (Traditional Indian Techniques for Balancing Body and Mind)"
* Primeira publicação nos EUA por Healing Arts Press, uma divisão da Inner Traditions International, Rochester, Vermont. Esta edição é publicada por acordo com Inner Traditions International.

Revisão: Fernanda Rizzo Sanchez
Editoração eletrônica: Antonieta Canelas
Ilustrações: Pieter Weltevrede
Capa: Carlos Guimarães

Nota ao leitor: esse livro pretende ser um guia informal. Os remédios, abordagens e técnicas descritas nele pretendem suplementar, e não substituir os cuidados e tratamentos médicos profissionais. Não devem ser usados para tratar uma enfermidade séria sem a prévia consulta a um profissional de saúde qualificado.

CIP-BRASIL. CATALOGAÇÃO-NA-FONTE
SINDICATO NACIONAL DOS EDITORES DE LIVROS, RJ

J63m
2.ed.

Johari, Harish, 1934-
Manual de massagem ayurvédica : técnicas indianas tradicionais para o equilíbrio do corpo e da mente / Harish Johari ; tradução Inês A. Lohbauer. - 2.ed. - São Paulo : Ground, 2011.
150p. : il.

Tradução de: *Ayurvedic massage : (traditional Indian techniques for balancing body and mind)*
Apêndice
ISBN 978-85-7187-157-1

1. Massagem terapêutica. 2. Medicina ayurvédica. I. Título.

11-0583. CDD: 615.822
CDU: 615.821

31.01.11 01.02.11 024255

Editora Ground Ltda.

Rua Hélade, 125 G – Jd. Brasil
04634-000 São Paulo – SP
Tels.: (11) 5031-1500 / (11) 3571-4655
vendas@aquariana.com.br | www.ground.com.br

Conteúdo

Harish Johari iniciou muito cedo seu treinamento nos princípios da Ayurveda, estudando em seu país natal, a Índia, com diversos experientes *vaidyas*, ou praticantes ayurvédicos tradicionais. Com sua família, aprendeu, ainda criança, a fazer remédios de ervas, poções curativas e máscaras faciais. Já adolescente, quando praticava artes marciais, aprendeu que a massagem era uma parte integral da luta (muitos lutadores eram exímios massagistas ayurvédicos). Posteriormente, treinou e aperfeiçoou esta técnica com médicos ayurvédicos que usavam, simultaneamente, os sistemas Ayurvédico e Unani. Nesta obra, o autor reuniu uma compreensiva introdução à massagem ayurvédica com técnicas, agora disponíveis tanto para iniciantes como para praticantes de massagem experientes.

Prefácio

Meu treinamento na Ayurveda começou muito cedo. Com oito ou dez anos eu já ajudava minha mãe a fazer remédios de ervas em pó, poções curativas, máscaras faciais, e chás de ervas. Mais tarde ajudei meu avô e meu tio-avô a fazer remédios para os olhos, óxidos e pomadas de pedras preciosas, e tônicos rejuvenescedores *(rasayanas).*

Entre os anos de 1955 e 1968 eu era a companhia constante de um praticante da Ayurveda, um *vaidya,* de nome Rameshwar Prasad Pande. Durante esse período aprendi muito sobre a energia curativa dos alimentos, ervas, plantas e pedras preciosas; os *doshas* ou humores corporais; o papel da astrologia na compreensão das doenças (físicas e mentais); e como detectar doenças examinando várias partes do corpo. Meu interesse na ioga tântrica e na alquimia levou-me a conhecer muitos vaidyas, e cada um deles me ensinou alguma coisa valiosa sobre a vida.

Com treze anos tornei-me um praticante regular de alguns tipos de luta. Na escola de artes marciais, ou *akhara,* em Jaunpur, encontrei vários vaidyas que praticavam as lutas para seu próprio bem estar físico e mental. Os lutadores da Índia podem ser chamados de artistas do trabalho corporal – eles trabalham com o prana, a energia prânica, o controle da respiração*, e vários outros exercícios que criam força, estímulo e vigor. A massagem era uma parte integral da luta.

Antigamente as clínicas ayurvédicas geralmente não ofereciam massagens, como todos os outros lugares em que se fazia e recebia massagens. Sempre que os pacientes precisavam de um tratamento específico, eram encaminhados pelos vadiyas a especialistas em massagens.

Esses técnicos usavam óleos especiais e esfregavam as áreas afetadas de acordo com as instruções do médico ayurvédico. Frequentemente esses massagistas eram lutadores. Atualmente na Índia os massagistas com esse tipo de treinamento ocupam os lugares públicos em grande número e fazem massagens na cabeça e no corpo por algumas poucas rúpias. Apesar de não terem conhecimentos de Ayurveda, eles sabem como trabalhar com os músculos, juntas, e ossos. Um de meus treinadores foi o famoso lutador Siddique Khan, de Nawab de Rampur. Ele era um especialista, mestre em massagem, que conseguia curar e fortalecer qualquer parte, tecido ou músculo do corpo.

*Não é a mesma coisa que as técnicas de pranayama ensinadas na yoga.

Alguns desses lutadores / massagistas eram também médicos ayurvédicos e/ou *hakims.* (Um hakim é um médico que se formou no sistema de medicina Unani (Grego). Com o tempo eles desenvolveram um sistema especial próprio que incluía os dois, o conhecimento do sistema Ayurvédico e o Unani. Os métodos de massagem descritos neste livro estão baseados nas técnicas desses médicos / lutadores. Eu os chamo de massagem tradicional indiana baseada nos princípios ayurvédicos, como os doshas e *marmas* (pontos de pressão). Ao longo dos anos treinei com dois grupos principais de professores, um hindu e o outro muçulmano. Dos professores hindus aprendi muito sobre os marmas e doshas; dos muçulmanos, sobre os pontos de pressão chamados muqame makhsoos. Na maior parte do tempo os marmas e os muqame maksoos são os mesmos, mas existem diferenças ocasionais importantes e úteis. Alguns dos pontos de pressão nos pés correspondem àqueles usados no Ocidente pelos reflexologistas.

A massagem apresentada neste livro é primariamente preventiva e deve ser praticada regularmente com esse objetivo. Com exceção do tratamento de alguns males menores, esse método de massagem não pretende ser terapêutico. Não é, por exemplo, o mesmo que a massagem realizada antes dos tratamentos *panchakarma* (purificação). Muitos métodos terapêuticos da Ayurveda usam óleos e técnicas específicos de uma condição de doença em particular. Esses métodos devem ser praticados somente sob a supervisão de um médico Ayurveda ou vadiya, e não são contemplados neste livro.

Agradeço a meus orientadores, professores e estudantes que me ajudaram a criar este livro. Espero que tenha alguma utilidade prática àquelas pessoas interessadas na melhoria de seu bem-estar físico e mental.

Introdução

O desejo mais forte no homem é viver uma vida saudável, feliz e inspiradora. Dentre essas três coisas a saúde é a principal, porque sem ela não podemos nos sentir felizes ou inspirados. Uma das chaves para a boa saúde é ter um corpo no qual os nutrientes circulam adequadamente e as toxinas são eficazmente expelidas. O alimento nos fornece os nutrientes necessários, os exercícios e a massagem nos possibilitam manter a circulação adequada; além disso a massagem ajuda nossos corpos a crescerem e se renovarem, e também provoca o relaxamento. Ao melhorar a circulação do material nutriente e ajudar o organismo a expelir as toxinas, a massagem exerce uma função importante na limpeza e na manutenção da saúde do corpo. É essa função de limpeza que torna a massagem uma prática extremamente benéfica na promoção da inspiração e da felicidade. Ela aciona as reservas internas do corpo, estimulando-o a processar as proteínas, converter as diversas formas de açúcar em glicose, e gerar diversas enzimas químicas. Quando adotada como prática diária, a massagem pode ajudar no rejuvenescimento do corpo.

Na Índia as massagens são feitas desde o momento do nascimento. Os bebês são massageados regularmente com óleos, mesmo quando choram. Uma mãe sabe que a massagem vai melhorar a circulação em seu filho, que, apesar de se mexer continuamente, é incapaz de realizar exercícios de qualquer espécie. As crianças são massageadas regularmente até a idade de três anos. Então a rotina muda e a massagem é feita uma ou duas vezes por semana, até que a criança atinja os seis anos de idade. Nesse momento, a criança já tem idade suficiente para fazer massagens e recebê-las de outras pessoas.

Oitenta porcento da população da Índia vive em aldeias onde essa tradição ainda está viva. Nas áreas rurais, a massagem semanal é uma cena familiar – todo mundo a faz. No ritmo frenético das grandes cidades está se tornando cada vez mais difícil manter essa tradição. Entretanto, mesmo nas cidades grandes como Delhi, Bombaim e Calcutá, podemos encontrar frequentemente um massagista com o seu colchonete e um conjunto de pequenos potes de óleo praticando seu ofício no parque ou na praia. As pessoas na Índia gostam de ser massageadas; elas sabem que, como um bom amigo, a massagem proporciona alegria e relaxamento.

Na Índia, esculturas em templos, calendários, e livros espiritualistas ilustrados, muitas vezes retratam Vishnu, o deus da preservação, reclinado sobre uma serpente e recebendo de sua consorte Lakshmi uma massagem nos pés. Essa imagem sugere que a massagem é um dos passatempos favoritos até mesmo do deus Vishnu.

Nos lares indianos, a massagem pode ajudar a manter um bom relacionamento afetivo entre marido e mulher. Depois desse tipo de relaxamento suave, torna-se mais fácil partilhar e dar mais amor. Ao voltar de um longo dia de trabalho no mundo exterior, o marido pode, muitas vezes, ser recebido com uma massagem afetuosa de sua esposa. Esse tipo de massagem geralmente não é feita com óleos – os músculos são simplesmente pressionados suavemente e friccionados. Até mesmo os membros mais velhos da família recebem uma espécie de massagem, quando os netos brincam mexendo nos seus corpos.

Na Índia também se praticam massagens cerimoniais. A massagem antes do casamento é uma das poucas massagens cerimoniais da tradição hindu que é compulsória, ainda hoje. Isso porque provoca um brilho na pele e relaxa o casal, deixando os nubentes com uma aparência luminosa e fresca. Para o noivo, a massagem pode também promover um aumento da virilidade e da força psíquica. Como é feita com ervas e óleos naturais, a massagem deixa a noiva mais perfumada e bela.

Outra massagem tradicionalmente compulsória é aquela feita diariamente na mãe durante os primeiros quarenta dias após o parto. Tradicionalmente este é o período para a purificação corporal completa da mulher, depois do qual ela pode voltar a realizar seus rituais religiosos ou afazeres domésticos diários.

A antiga ciência da massagem indiana foi descrita por Valmiki, o primeiro poeta da escrita sânscrita, em seu poema épico, o Ramayana. Os sistemas persa e grego (Unani) de massagem influenciaram fortemente as formas básicas de massagem desenvolvidas no Ocidente. Podem ser encontrados muitos elementos comuns entre as massagens persa e grega e a massagem ayurvédica; a massagem Unani utiliza os três humores e também ervas, plantas aromáticas, fórmulas herbáceas e óleos similares. Seus modos de vida felizes e saudáveis, comuns às três culturas, estenderam-se à similaridade nos estilos de artes marciais e métodos de massagem. Devido a essa fertilização cruzada, os traços dos sistemas ocidental e oriental parecem estranhamente semelhantes.

A popularidade da massagem está crescendo no Ocidente, em resposta a um aumento das tensões e exigências deste mundo de angústia e competição. Com o aumento da poluição – do ar, da água e dos sons – nossos nervos estão sendo constantemente agredidos. Nossas glândulas estão sendo continuamente super-estimuladas pelo uso de preservativos. Com o aumento de comidas pré-cozidas e embaladas, mais substâncias químicas permeiam nossos corpos ao nível celular. O leite fresco da vaca do fazendeiro é um sonho, e o leite processado está cheio de substâncias químicas. Grãos e vegetais cultivados sem fertilizantes sintéticos estão quase extintos. Para manter a boa saúde, não temos escolha senão aprender formas de ajudar a expelir essas toxinas de nossos sistemas, tão regularmente quanto são ingeridas. A massagem é um dos poucos remédios conhecidos para isso. Massagens regulares, junto com a ingestão de alimentos cultivados organicamente, água pura e a prática de exercícios à luz natural do sol num meio ambiente não poluído, podem mostrar-se extremamente benéficos.

A massagem funciona nos níveis físico e mental. Fisicamente, ela auxilia todos os sistemas do corpo – o imunológico, respiratório, nervoso, endócrino, circulatório, muscular, ósseo, digestivo e linfático. Mentalmente, ajuda a mente a relaxar. Isso é especialmente verdadeiro quando se tem sentimentos positivos em relação ao massagista. Geralmente a massagem ajuda o corpo na auto-cura. Concentrando-se com facilidade e naturalidade na parte do corpo que está sendo tratada, o receptor da massagem pode transmitir uma energia vital positiva para si mesmo, em qualquer lugar e sempre que precisar. A massagem pode impedir a mente de divagar, promovendo um relaxamento perfeito, considerando que esse não é o tipo de massagem que machuca. A auto-massagem promove todos os benefícios mencionados anteriormente, exceto o toque suave da outra pessoa, que por si só pode fazer milagres.

Capítulo Um

Introdução à Massagem

A Massagem como Prática Diária

Massagear o corpo diariamente de trinta a quarenta e cinco minutos antes do banho pode melhorar nossa saúde e nosso vigor. Esfregando a pele do corpo este se aquece, refinando o sangue e ajudando a sua circulação pelo sistema. Como esse calor também abre os poros, é importante não tomarmos banho até que o corpo tenha absorvido os óleos e resfriado pelo menos a uma temperatura ambiente. Isso leva geralmente de trinta minutos a uma hora depois do término da massagem.

A massagem é essencial para todas as pessoas em todas as etapas da vida – crianças, donas de casa, idosos, deficientes físicos, enfermos ou fisicultores. Para as pessoas que não podem fazer exercícios, a massagem é uma excelente alternativa para melhorar o crescimento e o desenvolvimento do corpo. E para as pessoas jovens e cheias de energia que praticam artes marciais, a massagem é excelente. A tensão muscular provocada em sessões mais extenuantes pode ser aliviada somente pela massagem. Ela refresca os músculos, fazendo com que voltem à sua forma original.

Para as pessoas que sofrem de insônia ou de distúrbios do sono, é essencial receberem uma massagem, ou até fazerem uma auto-massagem. A massagem dos pés, boa para todo o sistema, é especialmente recomendada para aqueles que sofrem de fadiga. De acordo com Charaka, o autor do conhecido texto ayurvédico *Charaka Samhita,* as pessoas com insônia devem receber uma massagem na cabeça antes de se deitarem. Para se obter resultados ainda melhores, ele recomenda uma combinação de massagens nos pés, na espinha e na cabeça.

A Massagem como Exercício

A massagem deve ser um exercício para quem a aplica. Como uma boa massagem requer energia vital ou força prânica, aquele que aplica a massagem deve respirar profunda e lentamente. Deve-se tomar cuidado para não ficar sem respirar, pois isso pode forçar o coração e dilatar os músculos cardíacos. Aquele que aplica a massagem deve ser capaz de controlar a sua respiração, relaxando entre os toques para inalar profundamente. Uma boa massagem deve gerar suor em quem a aplica, o que é muito benéfico.

Quando aplicados sob a forma de exercícios, os toques são mais vigorosos. Aplicando torceduras e fricções, a força prânica do aplicador e seu vigor muscular são fortalecidos.

A Massagem como Relaxamento

Quando aplicada suavemente, a massagem é uma excelente técnica de relaxamento. O massagista deverá esquentar as mãos esfregando-as uma na outra, lubrificando-as depois com óleo aromático para evitar o atrito, a irritação ou o desconforto. A massagem na espinha, nos pés e braços, nos ombros e na cabeça pode se tornar uma experiência prazerosa para qualquer um e para cada um. A massagem nos pontos de pressão (os marmas) relaxa o corpo instantaneamente. Quando o massagista não está relaxado, a pessoa que recebe a massagem não consegue relaxar totalmente. A massagem relaxante deve reduzir o ritmo da respiração e da mente em ambos.

Com o envelhecimento surge a perda gradual de agilidade e rapidez. A tensão física e mental que se acumula a cada dia quando realizamos atividades não naturais provoca o enfraquecimento dos nervos e prejudica a circulação dos fluidos vitais. Tensão, preocupação constante, insatisfação, cobiça e ansiedade acabam afetando o organismo. Esses inimigos provocam o envelhecimento prematuro. Para evitar esse problema e reduzir o stress no corpo e na mente, o relaxamento é crucial. Enquanto as posturas da yoga e os exercícios de respiração profunda garantem o relaxamento, a massagem nos oferece mais benefícios ainda. Isso porque a massagem promove, além do estímulo muscular, o milagre do toque e dos óleos aromáticos preparados com ervas rejuvenescedoras. Em suma, a massagem pode interromper o envelhecimento prematuro, diminuir as rugas, tonificar os músculos e restaurar a agilidade das articulações. Dar uma textura macia à pele, fortalecer os nervos e o sistema imunológico, e ajudar o corpo a manter a elasticidade e a forma adequada. A regularidade é essencial para se obter o máximo benefício da massagem.

Benefícios Terapêuticos da Massagem

De certa forma, nos tempos modernos, as pessoas têm um estilo de vida sedentário demais. A maioria das pessoas que vive em cidades e grandes metrópoles têm pouca atividade física. Em seus empregos, elas realizam atividades nas quais seus músculos não são solicitados a trabalhar. Como não usufruem do ar puro, de alimentos cultivados naturalmente, ou da luz do sol, seus sistemas se tornam desequilibrados. Preocupações e tensões constantes aumentam a acumulação de toxinas em seus sistemas. O remédio melhor, mais fácil e mais natural para todos esses problemas é a massagem.

Se o corpo não puder ser massageado por inteiro, deverá ser feita uma massagem pelo menos nos pés, todas as noites antes de dormir. A cabeça deverá ser massageada pelo menos uma ou duas vezes por semana, ou a cada três dias.

Uma massagem regular, até mesmo uma ou duas vezes por semana, previne o desenvolvimento de muitas doenças de pele, como eczema, pruridos, brotoejas e seborreia. Também melhora o estímulo, a paciência, a autoconfiança, o ânimo, o vigor e a inteligência, a vitalidade sexual e a beleza física.

A massagem é usada terapêuticamente para a neurastenia, as dores de cabeça, a insônia, a gota, a poliomielite, a obesidade, a artrite, as irregularidades de pressão sanguínea, a asma, e as desordens mentais. A massagem aumenta a produção, pelo corpo, de corpúsculos brancos e anticorpos no sangue, que promovem a resistência contra os vírus e as doenças produzidas por infecções. Ela auxilia os mecanismos de defesa do corpo e fortalece o sistema imunológico. A massagem também aumenta a capacidade do corpo de adaptar-se a mudanças bruscas de temperatura e de pressão atmosférica, assim como a outras mudanças ambientais.

Massagens regulares ajudam a equilibrar os três humores do corpo, conhecidos na Ayurveda como doshas: *vata* (vento), *pitta* (bile), e *kapha* (muco). Elas também ajudam o equilíbrio entre os três princípios fundamentais – *sattva, rajas, e tamas.* (Esses princípios serão discutidos posteriormente, no livro).

Quando a massagem é adotada como prática diária, ela produz muitos benefícios positivos. O calor e a vitalidade do corpo aumentam quando os sistemas circulatório e respiratório se abrem para fornecer oxigênio puro e energia vital, na forma de material nutriente. Simultaneamente, os dejetos em forma de gases e toxinas são expelidos do sistema.

Capítulo Dois

Princípios Ayurvédicos da Massagem

O termo sânscrito Ayurveda é uma combinação de duas palavras: *ayu* (vida) e *veda* (conhecimento). A tradução literal de Ayurveda é "conhecimento da vida", ou "vida correta". Seus princípios são aplicáveis universalmente. Aqueles que querem viver vidas felizes, saudáveis, e inspiradas, podem beneficiar-se da sabedoria contida na Ayurveda.

O conhecimento ayurvédico baseia-se nas escrituras védicas, que remontam a 3.000 a.C. De acordo com os Vedas, a vida é vista como uma evolução do princípio criativo, Prakriti, e o não ser amorfo e sem atributos, Purusha. Enquanto Prakriti é Shakti, ou Mãe Divina, Purusha é o princípio Paterno, imutável. Prakriti cria todas as formas no Universo. Em seu estado primitivo todas as formas contêm os três *gunas*, ou princípios (sattva, rajas, e tamas) em perfeito equilíbrio. Quando os gunas começam a interagir, o equilíbrio é perturbado. Numa tentativa de restaurar esse equilíbrio, a atividade se inicia. Essa ação cria correntes de energia, e o espaço, ou *Akasha*, é gerado. Do Akasha vem o Ar, do Ar vem o Fogo, e depois vêm a Água e a Terra. Simultaneamente, durante esse processo de criação, são criados três campos: o mental (consciente), criado por Sattva; o de força, criado por Rajas; e o campo material, criado por Tamas. Os cinco elementos pertencem ao campo material e são os elementos construtivos do corpo.

Tridosha e os Cinco Elementos

A teoria do *tridosha* – vata (vento), pitta (bile) e kapha (muco) – é exclusiva da Ayurveda. Esses três doshas constituem a natureza química de todo organismo vivo. São criados pelos cinco elementos da seguinte forma: os elementos do éter e do ar (*akasha e vayu)* formam o temperamento vata; o fogo e a água (*agni e apah*) formam o temperamento pitta; água e terra (*apah e prithvi*) formam o temperamento kapha. Dentro do corpo, os ossos, a carne, a pele, os nervos e o cabelo pertencem ao elemento terra. O sêmen, o sangue, a gordura, a urina, o muco, a saliva, e o fluido linfático pertencem ao elemento água. Fome, sede, temperatura corporal, sono, letargia, inteligência, raiva, ódio, inveja e alegria pertencem ao elemento fogo. Todos os movimentos – a respiração, as necessidades naturais, as funções sensorial e motora, as secreções e excreções, e a transformação dos tecidos – pertencem ao elemento ar. Amor, hostilidade, timidez, medo e apego são qualidades identificadas com o akasha, ou éter.

O temperamento de cada indivíduo, ou prakriti, é determinado no momento da concepção e é imutável durante todo o seu tempo de vida. O meio ambiente químico da fertilização do óvulo tem um papel importante no estabelecimento da natureza psicossomática de um indivíduo. O equilíbrio na *prakriti* de um indivíduo ocorre através da interação dele com o meio. Esses equilíbrios são chamados de *vikriti* de alguém.

Tipos de Temperamento

De acordo com Ayurveda, um (e muitas vezes dois) desses sete temperamentos podem ser encontrados em todos os organismos vivos:

1. Vata (dominado pelo vento)
2. Pitta (dominado pela bile)
3. Kapha (dominado pelo muco)
4. Kapha-pitta (dominado por uma combinação de vento e bile)
5. Pitta-kapha (dominado pela bile e muco)
6. Vata-kapha (dominado pelo vento e muco)
7. Vata-pitta-kapha (dominado igualmente por todos os três doshas)

Além disso, quando se consideram as proporções variáveis de vata, pitta e kapha, constatamos que existe uma variedade inumerável de temperamentos.

Através desses doshas o organismo humano aceita mudanças ambientais e recebe energia dos alimentos. O trabalho de todos esses três doshas está mais concentrado na região entre o coração e o umbigo. É aqui que os doshas interagem sem parar, realizando a tarefa de preservação e crescimento do corpo. Qualquer perturbação em um dosha imediatamente cria um desequilíbrio no corpo e interrompe a descarga de material usado.

Um equilíbrio harmonioso de todas os três doshas é essencial para a manutenção do bem-estar físico e mental. O distúrbio de qualquer dosha cria doença e desordem no organismo. Por causa do papel crucial desempenhado pelo sistema tridóshico na regulação, preservação e crescimento de nossos corpos, ele precisa ser estudado por todo praticante de massagem ayurvédica. O exame da pulsação radial é essencial para determinar o vikriti de uma pessoa e precisa ser aprendido pelo praticante de massagens (veja página 24). Para escolher o óleo apropriado, é necessário saber qual o dosha afetado. (Veja no capítulo 3 a discussão sobre os doshas e os óleos).

O estado da química corporal de alguém varia de acordo com fatores como o local, o clima, e a alimentação subjacente a esses fatores, que podem variar diariamente, existe o prakriti de cada um - um esquema químico básico com o qual o organismo foi construído. Esse código genético dita muitos aspectos de um indivíduo, como as coisas de que ele gosta ou não gosta, sua escolha por alimentos, e as preferências relativas a paladar, aromas e temperatura. Enquanto os tipos Vata e Pitta podem receber enormes benefícios da massagem com óleos, os tipos Kapha devem concentrar-se na massagem seca ou na massagem com óleo terapêutico feito especialmente para o seu tipo.

Vata

As pessoas de temperamento vata – aquelas dominadas por vayu (vento) – dormem pouco, caminham rápido, e falam demais. Seus corpos são secos e seus cabelos são finos, escassos e quebradiços. Têm mentes incansáveis, e seus sentimentos vagam de um local a outro quase continuamente. Eles não gostam de frio e de coisas frias, têm memória fraca, e deixam muitas frases incompletas porque suas mentes pulam abruptamente de um pensamento a outro. São amantes de prazeres sexuais e sensuais e gostam muito de alimentos de sabor doce, azedo, quente e picante. Comem demais ou de menos, e produzem sons ao beberem água. Basicamente, os indivíduos vata são imprevisíveis e inseguros. Gastam dinheiro rapidamente e permanecem pobres. O tempo de vida do indivíduo vata é relativamente curto. As pessoas vata sonham em morar nas montanhas, em árvores, e no ar, e de voar sem ajuda de máquinas. O corpo vata é alto e esbelto, com joelhos protuberantes e fracos. O pulso é fraco e se move como uma cobra.

Quando o vento (vayu) é perturbado ele se caracteriza pelos seguintes tipos de condição: sede excessiva; tremores; secura; aspereza, vermelhidão da pele; dor; asma; tosse; males dos ouvidos, nariz e garganta; problemas circulatórios; males urinários; e constipação.

Se vata (vayu) continua a crescer, ele cria rouquidão da voz, sensações de palpitação, e desejo pelo calor; escurece a compleição e provoca fraqueza. Se vayu diminuir, produz desconforto e às vezes inconsciência.

Pitta

As pessoas de temperamento pitta – aqueles dominados pela bile – são raivosos e suam profusamente; são também instruídos, corajosos e orgulhosos. Seus cabelos são macios, oleosos e amarelos, e tornam-se brancos ou grisalhos precocemente. Eles são amantes de flores e aromas. Pessoas de bom caráter com uma tendência espiritual, são gentis, corajosas e pouparão até seus piores inimigos. As pittas não seguem a religião do momento, e seu apego ao sexo oposto é mínimo. Gostam de alimentos de sabor doce, amargo e adstringente, e gostam especialmente de bebidas frias. São ciumentas por natureza e frequentam muito o banheiro. Sua cor é bela e a temperatura do corpo é quente. Suas juntas e músculos são flácidos e sua virilidade e desejo sexual não são fortes. Seus olhos são vermelhos, e tornam-se mais vermelhos ainda com a raiva, a intoxicação ou a exposição ao sol. O tempo de duração de suas vidas é o normal. As pittas tem pele macia, oleosa e tépida. São agressivas e evitam distúrbios e lugares com possibilidades de tumulto. Sonham com fogo, estrelas cadentes, raios, sol, lua, objetos brilhantes e plantas venenosas. Gastam dinheiro em luxos e organizam seus próprios métodos de ganhar a vida.

Quando a pessoa pitta é perturbada ela se caracteriza por sensações de queimação, acidez, sede, irritabilidade, vermelhidão dos olhos, indigestão, calor no peito e no estômago, doenças de pele, visão deficiente, transpiração e histeria.

Se pitta continua a crescer, produz sensações mais graves de queimação, preferências por alimentos frios e refrescantes, olhos e compleição amarelados, fezes e urina amareladas, insônia, desmaios, e funcionamento reduzido dos órgãos sensoriais. Se pitta diminui, produz uma compleição apática e um menor calor corporal.

Kapha

As pessoas de temperamento kapha – dominadas pelo muco – têm uma disposição magnânima e muita virilidade. Seus corpos são bem construídos e cheios, às vezes com muita gordura. A mente Kapha é estável; são pessoas sóbrias por natureza. Seus rostos tem forma de lua e suas articulações são bem construídas, fortes, macias e profundas. O corpo tem a cor do latão, do ouro ou de uma flor de lotus, com mãos longas e um tórax largo e forte. São pessoas atraentes, com testas amplas e corpos suaves. As kaphas têm cabelos fortes e oleosos, densos, espessos e ondulados. Não são perturbadas pela fome, sede, dor, interrupções ou barulho. Sábias e amantes da ordem, as Kaphas honram sua palavra. Seguem os princípios e práticas da vida correta; tem a fala macia mas mantém a hostilidade contra os inimigos por muito tempo. As pessoas kapha são grandes amantes dos prazeres sexuais. São trabalhadoras, humildes e vagarosas. Gostam de alimentos com sabor amargo, adstringente, forte e seco, e têm uma tendência a dormir profundamente e por muito tempo. Sonham com rios, açudes, oceanos, lagos, aves aquáticas e lotus.

Quando kapha é perturbado, a pessoa caracteriza-se pela compleição pesada, pela sonolência, entorpecimento, prurido, náusea, anorexia, dispepsia, perda de memória, urina e fezes brancas, maior peso e rigidez das articulações, e uma sensação de envelhecimento. Muitas vezes se sente um gosto doce na boca.

Se kapha continua a crescer, produz um peso crescente nos membros, sensações de frio, sono excessivo, perda de articulações, sonolência, e uma compleição pálida. Quando kapha diminui, produz secura e sensação de queimação interna, uma sensação de vazio no estômago e nos intestinos, sede, fraqueza nas articulações, fraqueza geral e insônia.

Os Benefícios da Massagem Ayurvédica

Na Ayurveda, a massagem é altamente louvada e recomendada como prática diária. Assim como as práticas diárias de comer e dormir, as pessoas deveriam receber massagens diariamente e assim se desfazer dos dejetos do corpo.

A Ayurveda acredita que dores e males são causados pela obstrução do fluxo de vayu (vento) através dos vasos condutores de vayu, ou *siras.* O calor é gerado pela fricção, que faz o ar do corpo expandir-se e mover-se. A circulação do vayu nos siras alivia a tensão e reduz a dor. A massagem também promove um padrão respiratório mais profundo e natural. Fazendo-a regularmente relaxa os músculos, os nervos, os ossos e o corpo inteiro. Auxilia o sistema digestivo, mantendo o equilíbrio e a circulação correta dos gases do corpo; induz o sono profundo, aumenta o apetite, e geralmente torna a vida mais alegre.

Na massagem terapêutica, o tipo de massagem administrada e o óleo usado dependem das condições presentes. De acordo com Vagbhata, o autor de um famoso tratado sobre Ayurveda chamado Ashtanga Hridaya, aqueles que desejam ter saúde e felicidade devem massagear o corpo e usar óleos de acordo com a estação do ano. Os melhores são os óleos orgânicos aromáticos, que promovem a boa saúde.

De acordo com outra escritura importante sobre Ayurveda, o *Sushruta Samhita*, o óleo, o ghee (manteiga líquida de búfala)*, ou qualquer outro lubrificante – dependendo do tipo de corpo, da atmosfera e da estação do ano – deve ser usado para a massagem. Para os que sofrem de uma desordem do vento (vata), a massagem é o único remédio. Geralmente não se deve fazer massagens em áreas muito tensas sem o lubrificante apropriado. As áreas doloridas devem ser massageadas até que se obtenha algum alívio.

O papel da massagem no prazer sexual é enfatizado por Vatsyayana, o autor do famoso tratado sobre o sexo, o Kama Sutra. No Bhavishya Purana, uma escritura religiosa, a importância da massagem entre marido e mulher está descrita em detalhes. A escritura diz que a esposa deve ser uma especialista na arte de fazer massagens. Recomenda que a massagem na região do pulso seja feita suave e vagarosamente, e que o rosto e o pescoço devem ser massageados com um pouco mais de vigor, com uma pressão suportável. A cabeça e os pés devem ser massageados com mais força, e por um período mais longo de tempo. Aquelas partes do corpo com menos carne, com musculatura mais fina (como a área do umbigo) e certos pontos de pressão abaixo do umbigo e ao redor do coração, do rosto, e das bochechas, devem ser massageadas suavemente. Se o marido começar a cochilar, pode-se friccionar e dar palmadinhas na área da massagem; se ele adormecer, a massagem deve ser interrompida. Nas partes do corpo que têm pelos, a massagem deve ser feita na direção do crescimento dos mesmos.

No *Ashtanga Hridaya* de Vagbhata podem ser encontrados os seguintes benefícios da massagem:

Afasta a Velhice (Jarahar)

Na Ayurveda a massagem é descrita como jarahar, aquela que afasta a velhice, porque promove a nutrição de sete constituentes, ou *dhatus*, do corpo humano:

1. Rasa (fluidos, hormônios, linfa)
2. Rakta (sangue)
3. Mansa (carne, músculos, e cútis)
4. Medha (gordura)
5. Asthi (ossos e dentes)
6. Majja (tutano)
7. Shukra (sêmen, ovários)

Ao friccionar, amassar e comprimir a musculatura, e ao manipular os pontos de pressão, a circulação do sangue, da linfa e dos hormônios é ativada. Por outro lado isso fortalece o sistema nervoso e imunológico, retardando o envelhecimento. O uso de óleo na espinha, nos pés, nas mãos, e na cabeça aumenta a virilidade e a vitalidade.

* A manteiga líquida de búfala (ghee) é – às vezes – chamada de manteiga clareada, é feita aquecendo-se lentamente a manteiga até que os elementos sólidos do leite se depositem no fundo da panela. A manteiga clareada é então retirada do topo e usada para cozinhar. Na Índia, essa manteiga líquida de búfala é tradicionalmente feita batendo-se o iogurte até virar manteiga, que é então derretida para se fazer a manteiga líquida de búfala. Tanto a manteiga clareada quanto a tradicional manteiga líquida de búfala são apropriadas para a massagem.

Afasta o cansaço (Shram Har)
O cansaço é causado pela tensão física ou mental, ou ambas. Pode também decorrer do trabalho excessivo de um músculo em particular ou de um grupo de músculos, ou de um trabalho que normalmente não costumamos executar. Quando não nos sentimos emocionalmente envolvidos num trabalho ou não gostamos dele, o nosso corpo se cansa rapidamente. O cansaço também pode ser resultado de um acúmulo de toxinas. A massagem prescrita depende do tipo de cansaço que se apresenta.

Para o cansaço causado por tensão mental, o ideal é uma massagem na cabeça com óleo aromático. Algumas gotas de óleo de sândalo adicionadas ao óleo de base da massagem ajudam a aliviar a tensão mental. Para afastar o calor da área da cabeça, aplique uma mistura de 10 gotas de óleo de coentro e duas colheres de sopa de óleo de amêndoas ou de gergelim.

Para o cansaço causado pela tensão física dos músculos de um membro, adicione uma pitada de sal a um pouco de água quente e mergulhe o membro nela. Massageie-o com movimentos de amassar. Se a imersão for muito difícil, mergulhe uma toalha na água quente salgada e aplique-a na área dolorida. Esse método é mais usado nos ombros e na região dos pulsos. (Também pode-se alternar compressas quentes e frias). Amassar, friccionar e dar palmadinhas suaves nos músculos afasta o cansaço. Depois do tratamento com água, deve-se aplicar o óleo até que se sinta um alívio. A tensão de músculos doloridos pode ser aliviada também com meia xícara de óleo de mostarda, de amêndoas, de coco, ou de gergelim, ao qual se adicionam algumas gotas de óleo de alfazema, de gualtéria ou essência de cânfora*.

Para afastar o cansaço causado pela acumulação de toxinas, você deve usar um óleo que aqueça o corpo – que produza uma sensação de queimação no momento em que é aplicado. Isso excitará as glândulas sudoríparas e estimulará o corpo a liberar as toxinas através do suor. Alguns óleos que aquecem são: gualtéria, menta, mostarda, eucalipto, e óleos feitos de sementes de alho, assa-fétida ou feno-grego.

Afasta o Excesso de Vento (Vata Har)
As seguintes práticas, emoções, ou excessos alimentares aumentam o dosha do vento (vata) e podem causar dores nos músculos e articulações: tensão constante no sistema nervoso; ansiedade; indulgência sexual depois das refeições; comer alimentos guardados por mais de oito horas depois de cozidos; dormir durante o dia; supressão da fome; jejum; repressão voluntária de qualquer necessidade natural do corpo; estalar das articulações; relações sexuais durante a menstruação; sexo oral; medo; nervosismo; falar excessivamente, uso excessivo de alimentos picantes, adstringentes ou extremamente amargos. Alimentos como feijões, lentilhas, soja, brocoli, repolho e couve-flor, quando consumidos em excesso, produzem mais vayu e males causados pelo vento agravado. O reumatismo e a ciática são dois dos males mais comuns causados pelo vento agravado.

* As pessoas com pele sensível não devem usar essa fórmula. Ao invés disso, elas devem misturar algumas gotas de óleo de sândalo com qualquer outro óleo básico compatível com o seu dosha.

O assento das doenças vata é o intestino grosso. O único remédio, aplicado tão logo o mal é detectado, é a terapia do colo ou purificação pela água, e a massagem regular com óleo. O *Sushuta Samhita* recomenda a massagem com óleo para os distúrbios vata. Na Ayurveda, o óleo *mahanarayana*, um óleo medicinal extraído de diversas plantas, é muitas vezes recomendado para dores reumáticas e ciática.

O óleo de gergelim *(til)* preparado com as seguintes ervas, é recomendado para distúrbios vata. Cozinhe um dente de alho em óleo pré-aquecido até que fique preto. Acrescente uma colher de chá de sementes de feno-grego e deixe cozinhar por dois minutos. Coloque uma pitada de assa-fétida e mexa, deixando aquecer por mais 3 minutos. Finalmente adicione uma colher de chá de sementes de orégano, e aqueça até que elas fiquem escuras. Coe o óleo e guarde num recipiente com tampa bem fechada*. Para ficar cheiroso, podem ser acrescentadas algumas gotas de óleo de alfazema, menta ou gualtéria (ou os três).

Melhora a Visão (Drishti Prasad Kar)

De acordo com Ayurveda, a massagem pode melhorar a visão. Os olhos recebem sua energia primária do elemento fogo. As perturbações do estômago, em que o fogo digestivo é forte, criam a maioria dos males da visão, apesar do fogo fraco poder também causar distúrbios. A constipação constante (causada pelo fogo fraco), indigestão e acidez no estômago, e agravamento de pitta (bile) prejudicam a visão. A massagem na área do umbigo, numa direção horária, com óleo de coco ou de gergelim (dependendo da constituição de cada um) no momento de dormir, melhora bastante a visão. Pessoas que têm visão fraca ou que sofrem de doenças dos olhos devem massagear os pés, especialmente entre o dedão e o segundo artelho. Elas devem se deixar massagear regularmente, com óleo, na espinha, no pescoço e na cabeça. (Veja no capítulo 5, página 92, os óleos mais benéficos para a massagem da cabeça).

Existem cinco sub-tipos de pitta, e aquele encontrado nos olhos é chamado de *alochaka pitta.* Ele ajuda a visão, equilibra o calor nos tecidos e músculos dos olhos, e é responsável pela regulação da entrada de luz. A massagem da cabeça e dos dedões dos pés ajuda a regular esse elemento ígneo. Os olhos têm um sistema curativo só deles: através das substâncias químicas presentes nas lágrimas, eles se revitalizam. As lágrimas provocadas pela aplicação de remédios como surma e kajal (veja páginas 134-5), manteiga líquida, mel, ou suco de cebola são limpadores, rejuvenescedores e saudáveis para os olhos. As lágrimas produzidas pela tristeza, raiva, desgosto, e enfermidade são amargas e podem danificar os olhos. A prática do *tratak* (encarar uma chama até que as lágrimas apareçam) é um exercício saudável para os olhos.

A massagem das pálpebras com óleo ou com manteiga líquida também pode melhorar a visão. As práticas de *jala neti* (passar água pelas narinas) e a massagem suave e profunda das suas paredes internas com manteiga líquida também são úteis para os olhos.

* Acrescentar sementes de mostarda assim como folhas secas ou verdes de feno-grego aos alimentos também é útil em distúrbios vata.

Fortalece o Corpo (Pushti Kar)
A fricção com óleo de massagem e a compressão, com ou sem óleo, são muito benéficas para o corpo. Melhoram a circulação e a movimentação dos fluidos vitais, enquanto estimulam a energia prânica e a ajudam a circular. Ao se amassar e comprimir os músculos, as toxinas acumuladas são encorajadas a deixar o corpo; em troca as células se enchem de prana e material nutriente. O corpo e o sistema imunológico ficam fortes, e o vigor, a vitalidade e a virilidade aumentam.

Aumenta a Longevidade (Ayus Kar)
A massagem cria um equilíbrio eletroquímico no corpo. Quando o sistema imunológico do corpo fica forte e as toxinas são eliminadas, a longevidade aumenta naturalmente. Como o aumento da acidez reduz o tempo de vida, a química de nosso sangue deve ser sempre mais alcalina do que ácida. A ansiedade e o stress desgastam o sistema e aumentam a acidez no sistema. O equilíbrio dos três doshas aumenta nosso tempo de vida. O uso de óleos rejuvenescedores, preparados com ervas, aumenta a força vital do corpo. Esses óleos são absorvidos pela pele e digeridos para dentro do corpo, com a ajuda de um sub-tipo de pitta chamado de bhrajaka pitta. O óleo absorvido protege a pele da desidratação e a ajuda a reter a quantidade necessária de umidade superficial. Essa umidade ajuda a energia eletromagnética da terra a reagir com o campo eletromagnético do corpo. Na idade avançada essa umidade diminui, a pele fica seca, e o corpo não recebe energia suficiente do meio-ambiente. Através da massagem pode ser mantido um equilíbrio eletroquímico, que resulta em melhor saúde e vida mais longa.

Induz o Sono e os Sonhos (Swapna Kar)
A massagem em geral, e a massagem da cabeça em particular, é um instrumento eficaz de indução do sono. A fricção, as palmadinhas e a compressão suaves no corpo, especialmente nos pés, ajudam a acalmar a mente dispersa. As pessoas que sofrem de insônia ou de sono intranquilo devem massagear seu corpo antes de dormir. (É claro que é melhor se a massagem for feita por outra pessoa). Devem ser usados óleos de coco ou de gergelim para o corpo e os pés, e o óleo *kaddu*, extraído da semente de abóbora, para a cabeça.

Fortalece a Pele (Twak Dridh Kar)
A massagem com óleo torna a pele macia e lhe dá brilho. A aplicação regular fortalece a pele e remove a secura, o primeiro sinal do vento perturbado (vata) no corpo. Para os indivíduos cujo prakriti, ou tipo de constituição vata, têm pele seca e áspera, a massagem com óleo é ótima. Para aquelas pessoas cujo prakriti é pitta ou kapha, e assim naturalmente têm pele oleosa, a massagem com óleo é o único remédio, quando o vento é agravado e surge a secura da pele. A secura da pele pode também ser causada pela meditação, o esforço mental, a ansiedade e a preocupação, e a vida em casas com aquecimento central. Para as pessoas que passam a ter a pele seca por causa do ar frio do exterior, o aquecimento central só piora o problema.

Assim como o fogo é quente por natureza, o vento, por natureza, é frio e seco. Como as pessoas com temperamento vata tendem a ter folículos capilares fechados, é melhor para elas aplicarem o óleo contra a direção dos pelos do corpo, para ajudar a abrir esses folículos. Depois que o óleo foi aplicado, o praticante pode então fazer massagens na direção dos pelos do corpo. A pele das pessoas dominadas por vata absorvem mais óleo do que a de outros tipos. A pele, como um espelho, reflete o estado do corpo físico. Óleo de germe de trigo misturado com óleo de amêndoas é especialmente bom para o fortalecimento da pele. Os óleos fornecem uma nutrição natural para a pele, que é digerida pelo bhrajaka pitta.

Dá Resistência à Desarmonia e à Doença
(Klesh Sahattwa)
Friccionar o corpo com uma pressão suportável ajuda-o a tornar-se mais resistente à doença. A massagem estimula a produção de anticorpos e fortalece os sete componentes vitais do corpo, os dhatus (veja página 19). A força proveniente dos dhatus dá o poder da tolerância, da perseverança e da paciência; essas qualidades podem evitar a tristeza, a agonia, a adversidade e a ansiedade. Os anticorpos fortalecem o sistema imunológico e os óleos fortalecem os nervos.

Suavizam Males Causados pelo Vento e o Muco
(Vata-Kapha Nirodhak)
De acordo com o *Sushruta Samhita*, a massagem com óleo é o único remédio eficaz para a cura de doenças causadas pelo vento agravado (vata); ele se mostra eficaz também em doenças causadas pelo muco agravado (kapha).

Para doenças vata, o óleo de gergelim é especialmente recomendado; também são usados, os óleos de oliva, mostarda e amêndoas. Para ajudar a aliviar o muco agravado, a congestão dos pulmões, ou a falta de ar, recomenda-se a massagem do peito e da região torácica com óleos de gualtéria, de eucalipto, de mostarda, de amêndoas, ou de menta; também pode ser usada uma mistura de óleos de gualtéria, de eucalipto e de mostarda ou de amêndoas. Quando ambos, o vento (vata) e o muco (kapha) são agravados, a seguinte mistura de óleo especial de alho e mostarda é bastante eficaz. Aqueça ¼ de xícara de óleo de mostarda em fogo alto; quando começar a ferver, acrescente dois dentes de alho médios (sem casca) e cozinhe até ficarem marrom escuros. Coe e guarde. Outra boa mistura de óleo para vento (vata) e muco (kapha) é adicionar 5 gotas de cada, dos óleos de gualtéria, de menta e de eucalipto, a ½ xícara de óleo de amêndoas ou de mostarda. Para aliviar a falta de ar causada por vata e kapha agravados, uma combinação de óleo de amêndoas e de alfazema pode ser muito benéfica. E também, depois da massagem, o receptor poderá inalar o vapor de algumas gotas de óleo de eucalipto colocado em água quente, tomando cuidado para evitar a exposição à friagem.

Melhora a Coloração e a Textura da Pele
(Mrija Varn Bal Prad)
Esfregar óleo na pele melhora a sua textura, confere-lhe um brilho saudável, e a torna forte. Para nutrir a pele e protegê-la de numerosos males, acrescente 1 colher de chá de cúrcuma a ¼

de xícara de cada um dos óleos: germe de trigo, amêndoas, gergelim e coco. Coe e guarde. Para evitar que sua roupa fique com uma mancha amarelada depois da massagem, acrescente a essa mistura uma quantidade igual de óleo de gergelim ou de coco, e tome um banho depois da massagem (espere pelo menos 30 minutos a uma hora antes de banhar-se).

Em resumo, a Ayurveda afirma que a massagem é a melhor amiga do homem. Nutre todos os sete dhatus, equilibra os três doshas, cura doenças causadas pelo agravamento ou o desequilíbrio nos doshas, rejuvenesce o sistema, promove força e virilidade, e afasta o stress e a tensão. A Ayurveda enfatiza o uso correto de diferentes óleos na massagem. Eles devem ser usados de acordo com as estações e as necessidades particulares do corpo em questão, como determinado pelo diagnóstico do pulso.

Diagnóstico do Pulso

O diagnóstico pelo pulso é um instrumento extremamente importante na Ayurveda. A informação que ele nos fornece é de grande ajuda na seleção do óleo adequado a ser usado. O pulso não deve ser examinado imediatamente depois das refeições, do banho, do exercício, do banho de sol, ou quando se está sentado próximo a uma fonte de calor; também não deve ser tomado depois da massagem, depois das relações sexuais, ou quando o receptor estiver com fome. Essas atividades podem provocar erros na leitura. Deve-se pedir ao receptor que relaxe antes de se fazer a observação do pulso.

O praticante não precisa aprender todos os detalhes do exame do pulso que um médico Ayurveda precisa saber, e nem mesmo como tomar o pulso para que ele indique a natureza química de uma pessoa ou a constituição dela ao nascer (prakriti). Só precisa saber como detectar o dosha dominante num determinado momento (vikriti). O ideal é que o exame do pulso seja a primeira coisa a se fazer de manhã, depois da defecação e antes de comer.

Para observar o pulso, o sujeito deve estar sentado, de frente para o praticante. O cotovelo e o pulso do sujeito devem estar ligeiramente dobrados. O praticante coloca seus dedos indicador, médio e anular no pulso do sujeito abaixo da lateral do polegar (veja fig. 1). Os dedos do praticante devem ficar suficientemente soltos para permitir que sintam simultaneamente os diferentes movimentos do pulso palpitante. A observação do pulso requer atenção e concentração totais.

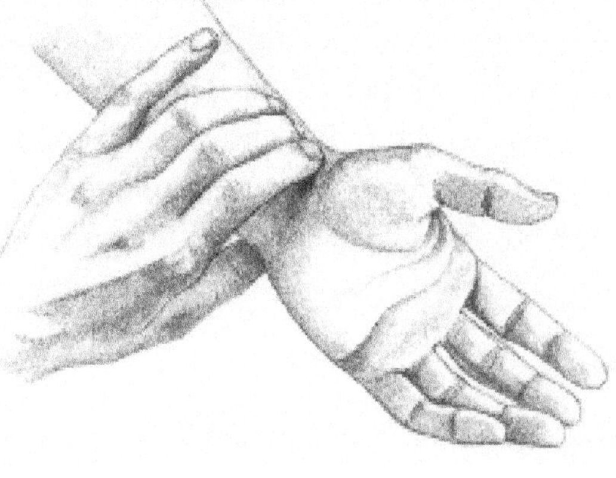

1

Se a palpitação sob o dedo indicador for a mais forte, então o pulso vata (vento) é dominante. O índice desse pulso é de cerca de 80 a 100 pulsações por minuto. Pitta (bile) será dominante se a palpitação sob o dedo médio for a mais forte. O índice desse pulso é de cerca de 70 a 80 pulsações por minuto. Kapha (muco) dominará se a palpitação sentida sob o dedo anular for a mais forte. Essa pulsação é a mais lenta, de 60 a 70 pulsações por minuto. Apesar do pulso poder ser verificado em seis outros locais no corpo*, o praticante deverá concentrar-se somente no pulso radial. O diagnóstico pelo pulso deveria ser usado por todos os praticantes, sem levar em conta se estão fazendo massagens para o relaxamento do receptor, para exercitar os seus músculos, ou por motivos terapêuticos.

Os Doshas e as Estações do Ano

Como já mencionamos antes, os fatores ambientais criam desequilíbrios nos doshas. Podem ser observadas mudanças bem definidas nos doshas (vento, bile e muco) com a mudança das estações do ano e das horas do dia.

- Na primavera (março, abril, maio) kapha (muco) e pitta (bile) tornam-se mais dominantes na química do corpo.
- No verão (junho, julho, agosto), pitta (bile) é dominante.
- No outono (setembro, outubro, novembro) vata (vento) é que domina.
- No inverno (dezembro, janeiro, fevereiro), dominam kapha (muco) e vata (vento).

Horas do Dia

Nas primeiras horas da manhã após o nascer do sol, kapha (muco) torna-se mais proeminente; ao meio-dia, pitta (bile), e no final da tarde vata (vento), é que são mais dominantes.

O ciclo se repete da seguinte forma: depois do pôr do sol, kapha (muco) se torna mais proeminente; à meia noite, pitta (bile), e no final da noite vata (vento) são dominantes. No ciclo da vida, kapha (muco) é dominante na infância, pitta (bile) durante a idade adulta, e vata (vento) na velhice.

Os Marmas

De acordo com o *Sushruta Samhita*, existem 107 marmas no corpo humano. Os marmas se referem às junções rígidas ou pontos de encontro dos cinco princípios orgânicos: *mansa* (músculos), *sira* (vasos), *snayu* (ligamentos), *asthi* (ossos) e *sandhi* (articulações). Essas junções formam os assentos da força vital ou prana. Nessas junções, as quatro classes de sira – nervos, artérias e veias, e linfa – entram no organismo para levar nutrientes e umidade. Esses vasos levam vayu: sangue, pitta e kapha quando estes são dominantes; e kapha respectivamente.

Além disso, o *Sushruta Samhita* classifica os marmas de acordo com o seu relacionamento com a força vital. Enquanto a amputação de um braço ou de uma perna pode não ser fatal, uma

* Ele pode ser verificado também nas seguintes artérias: temporal (logo acima das têmporas), carótida (no canto interno do músculo esternocleidomastóide, logo abaixo do maxilar), braquial (dentro do braço, acima do cotovelo), femural (do lado de dentro da coxa, na junção da perna com a pélvis), posterior tibial (atrás do tornozelo) e dorsalis pedis (encima do pé).

ferida num marma situado numa mão ou numa perna pode trazer a morte*. Entretanto, o praticante de massagem não precisa entrar nesses detalhes. É suficiente saber que os marmas sustentam o organismo. Eles formam os principais assentos de:

1. Vayu (elemento vento);
2. Soma (princípio lunar do organismo);
3. Tejas (princípio ígneo do organismo); e
4. Gunas (sattva, ou criação; rajas, ou preservação; tamas ou desintegração).

O ferimento em qualquer marma pode provocar possíveis deformidades, dores, delírios, alucinações, estupores, coma ou morte. O ferimento pode também provocar doenças mentais, assim como a perda de um ou mais dhatus, responsáveis pela manutenção das funções dos diferentes órgãos, sistemas e partes vitais do corpo. Enquanto a massagem em geral fornece nutrientes aos dhatus, a massagem dos marmas fornece ajuda específica aos dhatus, e assim ao organismo inteiro.

Transferência de Energia e Vibrações

A massagem é uma interação de energias entre dois corpos. Além de humanos, esses corpos também são duas forças eletromagnéticas. Quando recebemos ou fazemos massagens em alguém, não estamos só manipulando músculos, pele e ossos; estamos trabalhando com energias, tanto físicas quanto mentais. Há uma clara interação entre a psique do doador e a do receptor. Para entender isso só precisamos lembrar de uma lei muito simples: *A energia flui de um nível mais elevado para um nível mais baixo.*

O processo de transferência de energia é muito simples. O receptor submete-se à massagem e permite que seu corpo relaxe. As defesas caem naturalmente, permitindo que a energia do doador entre em seu corpo e seja absorvida. Se houver resistência de alguma das partes, a massagem não produzirá muitos benefícios. O receptor precisa permitir que o doador trabalhe, sem oferecer qualquer resistência. Isso permitirá ao doador trabalhar com afeição e cuidado, manter elevado seu nível vibracional, e não ser influenciado por fantasias pessoais ou pensamentos pessoais de qualquer tipo. Devido ao seu envolvimento no ato de dar, o doador está automaticamente num nível mais elevado do que o do receptor. Assim, de acordo com a lei natural, a energia é transmitida do corpo do praticante ao corpo do receptor. Uma leve descarga de energia elétrica flui através das pontas dos dedos do praticante, e é imediatamente absorvida pela pele do receptor. Através de uma fina rede de nervos sutis chamados *nadis*, especificamente os *nadis pranavaha* e *manovaha*, a energia prânica, assim como a energia psíquica são descarregadas e absorvidas. Os marmas têm um papel importante na absorção da energia, e assim também no campo psicossomático do receptor. Algumas vezes durante a massagem dos marmas, são removidos bloqueios de energia e o receptor vivencia mudanças emocionais, como alegria, tristeza e melancolia.

* Para informações mais detalhadas sobre marmas, veja *Sushruta Samhita*, volume 2, capítulo 6, versos 2-9.

Se o praticante não permanecer concentrado durante a massagem e divagar no mundo das fantasias, essas fantasias serão imediatamente transmitidas ao receptor através de uma resposta interativa. Similarmente, se o praticante começar a pensar em seus próprios problemas, o receptor também começará a sentir problemas de natureza similar. Os praticantes que começam a fazer massagens profissionalmente e recebem muitas pessoas num só dia, podem sofrer perdas de energia. Devem tomar precauções para restaurar sua energia depois de cada massagem. Isso poderá ser feito com a ajuda de alimentos nutritivos, como leite fresco, nozes e passas, e o relaxamento por algum tempo antes e depois de cada sessão. Deitar-se na postura da ioga chamada de posição do cadáver (shavasana) (veja página 55), respirando profundamente e meditando ao som da própria respiração durante quinze minutos restaurará as energias do praticante. Também é útil ouvir uma música relaxante durante a massagem e o período de relaxamento. O praticante deve fazer uma auto-massagem em seus dedos e realizar movimentos rítmicos lentos do pulso antes do início de cada sessão.

Na Índia, os lutadores se massageiam entre si para se envolverem no processo de transferência de energia. Interessa-lhes produzir o relaxamento, o crescimento adequado da musculatura, a força física, o tônus e a elasticidade do corpo. Por esse motivo, é fácil para eles não serem vítimas das suas fantasias e não pensarem em seus problemas pessoais. Mas aqueles que praticarem a massagem terapêutica e se concentrarem na doença do receptor serão suscetíveis a pegar a doença, se não forem mentalmente fortes e não tiverem a compreensão correta necessária para curar o mal. O estudo da construção do corpo e o conhecimento dos marmas e óleos ajudarão o praticante da massagem terapêutica a concentrar-se e trabalhar com confiança.

A atitude do praticante representa um papel importante na massagem. Se o objetivo for só o de ganhar dinheiro, o praticante se sentirá cansado. Se ele gostar de fazer massagens, compreender a responsabilidade da tarefa, e tratar a profissão como um meio de servir à humanidade, a experiência será gratificante e muito menos cansativa. O praticante deve ser física e mentalmente sadio. Uma pessoa com vibrações tranquilizadoras conseguirá fazer massagens com efeitos especialmente benéficos. Um praticante não deve massagear uma pessoa que não aprove à primeira vista, e vice-versa.

No Ramayana, o famoso épico indiano sobre a vida de Rama, ocorrem muitas batalhas entre as facções rivais. Os soldados exaustos recebiam massagens de adoráveis donzelas, às vezes várias de uma vez, e depois davam um mergulho refrescante no rio. As mocinhas, como descritas pelo escritor Valmiki, tinham corpos bem proporcionais e olhos que cintilavam com a luz. Entretanto, na Índia de hoje, como os poderes curativos do toque são conhecidos também por despertarem a excitação sexual, geralmente as mulheres massageiam mulheres e homens massageiam homens. Dessa forma o gasto desnecessário de energia causado pela fantasia sexual é evitado. Para evitar fantasias sexuais ao se massagear um membro do sexo oposto, o praticante deve concentrar-se em sua respiração, no seu padrão respiratório, e seu batimento cardíaco. Se o praticante trabalhar como um veículo de transferência da energia divina para o corpo do receptor, essa atitude mudará o seu nível de energia, e as fantasias não o perturbarão mais.

Na vida familiar, é bastante benéfico para as crianças e os jovens massagearem os idosos. Quando se ensina essa arte às crianças, elas podem praticá-la por brincadeira sempre que quiserem. Sua energia é pura – elas nunca fantasiam, nem sofrem perdas de energia.

Os praticantes profissionais de massagem deveriam aprender por si mesmos o que os faz perder energia e que tipo de receptores lhes dá inspiração. Só pela experiência eles conseguem aprender o que evitar, e como serem mais úteis sem se sentirem exaustos. Podem massagear membros de ambos os sexos, se isso não lhes apresentar nenhuma dificuldade. Se sentirem perda de energia e cansaço, então as fantasias deverão ser evitadas. Assim como os médicos clínicos, os praticantes da massagem devem desenvolver uma atitude neutra com relação ao toque em qualquer um dos sexos. Como regra geral, o melhor é não fazer massagens quando o nível de energia estiver baixo.

Em resumo, a massagem é um serviço. O serviço é o dharma (virtude religiosa) mais elevado. Um praticante de massagem deveria tornar-se um servidor altruísta e trabalhar sem ego.

A Massagem e o Sistema Linfático

A massagem trabalha direta e simultaneamente com três sistemas do corpo humano: o sistema sanguíneo/vascular, o sistema nervoso, e o sistema linfático.

Apesar de aparentemente trabalhar só a pele e a musculatura, a massagem de fato é transmitida aos vasos do corpo. A Ayurveda vê o corpo humano como sendo composto de inúmeros canais, ou *srotas*, que alimentam os vários tecidos do corpo. Esses canais estão conectados aos marmas e aos órgãos internos. A massagem estimula a atividade nos canais e melhora a circulação de materiais nutrientes através deles até os órgãos relacionados. De acordo com Ayurveda, esses canais são os transportadores de vayu (vento), pitta (bile) e kapha (muco), e como tais eles sustentam o organismo humano. Qualquer obstrução em seu fluxo pode gerar doenças. Através de massagens regulares, a circulação de fluidos vitais pode ser mantida.

O coração funciona como uma estação bombeadora central, que coloca em circulação o sangue, carregado de materiais ricos em nutrientes, pelo corpo inteiro. O sistema nervoso reage estimulando e transmitindo informações ao corpo, permitindo que este se ajuste ao meio-ambiente externo. Entretanto, o sistema linfático não tem um controle central. Por essa razão ele é o sistema mais diretamente influenciado pela massagem e aquele mais facilmente prejudicado pelas suas técnicas inadequadas.

Na Ayurveda, a linfa é considerada káphica por natureza. A palavra *kapha* é geralmente traduzida como "muco" ou "flegma", mas seu significado também engloba o de fluido linfático. Shlesaka kapha, uma combinação de linfa e fluido sinovial encontrada em todas as articulações do corpo, é um fluido branco, macio, frio, grudento e doce que age como um lubrificante. Ele ajuda a reduzir o atrito dentro de uma articulação, protegendo-a do desgaste e da ruptura. A Shlesaka Kapha também corre ao longo do sistema nervoso, suprindo os nervos com a capacidade de receber e transmitir sinais. Ele ajuda no desenvolvimento de anticorpos, e por isso é muito importante para o sistema imunológico. O sistema linfático, que funciona através de *srotas* (vasos) e nódulos, repõe as proteínas perdidas dos capilares sanguíneos nos espaços intercelulares e transfere as gorduras e fluidos absorvidos, dos intestinos para o sistema circulatório sanguíneo.

O sistema linfático não é um sistema independente. Ele age para suplementar o sangue, e corre em paralelo com o sistema circulatório sanguíneo. O sangue capta oxigênio dos pulmões, nutrientes do trato gastrointestinal, e hormônios das glândulas endócrinas. O sangue leva todas essas substâncias aos tecidos do corpo, onde elas se difundem, através dos vasos capilares, no fluido dos tecidos. Nestes, as substâncias nutritivas são passadas para as células, que assim são renovadas. A linfa então capta material do fluido do tecido, limpa-o das bactérias, e o devolve à corrente sanguínea. O tecido linfático encontrado nos nódulos linfáticos, o baço, e a glândula do timo, também funcionam como protetores do corpo contra células e substâncias estranhas. O sistema linfático, com seu exército de linfócitos, fagócitos e tecidos produtores de anticorpos, promove uma linha direta de defesa para o corpo.

O sistema sangue-linfa é muito mais um sistema de mão única do que um circuito completo: o fluido linfático pode entrar na corrente sanguínea, mas o sangue (ou a linfa do sangue) não pode entrar nos vasos linfáticos. Os nódulos linfáticos não contém válvulas e são distribuídos de forma desigual pelo corpo. O praticante de massagens deve lembrar que os nódulos linfáticos, que produzem o fluido linfático, estão ao redor de todas as articulações do corpo. É possível estimular-se esses nódulos esfregando-se a articulação de todos os lados, com movimentos circulares. Esfregando-se profundamente uma articulação, produz-se calor, melhora-se a circulação, e estimula-se a secreção de fluido pelo nódulo linfático. Isso estimulará a produção de mais proteínas, glucose, minerais, oxigênio, e anticorpos disponíveis no corpo. Os nódulos linfáticos podem ser estimulados por outras formas de calor externo, como a sauna e a fomentação (calor úmido localizado, quente e morno).

Esse sistema complexo também pode ser estimulado por exercícios regulares, pela compressão dos nódulos linfáticos um a um ou dos marmas, e por práticas de respiração profunda.

Quando o fluxo linfático é estimulado por meio da massagem com óleo, o praticante pode revigorar a química do sangue e ajudar o corpo a se limpar a si mesmo, expelindo toxinas através do suor e da urina. Como o fluxo linfático aumentado reduz a pressão sanguínea, muitas vezes a massagem é prescrita pelos médicos ayurvédicos para pacientes que sofrem de problemas cardíacos e pressão sanguínea elevada. Também é benéfica para aqueles que têm pressão baixa, porque serve para melhorar a circulação sanguínea e o fluxo de materiais nutrientes no sangue.

Capítulo Três

Óleos de Massagem

O Papel do Óleo na Massagem Ayurvédica

Os médicos ayurvédicos, assim como os lutadores indianos, recomendam o uso do óleo para se obter o máximo benefício de uma massagem. Os óleos medicinais são muitas vezes usados pelos médicos ayurvédicos para curar doenças causadas pelo vata (vento) agravado, e vários tipos de doenças de pele. Um bom nutriente para a pele, o óleo, contém proteínas, carboidratos e outros ingredientes essenciais que são absorvidos pelas aberturas nos folículos capilares e assimilados pelo bhrajaka pitta. Os folículos capilares são conectados às fibras nervosas, que por seu lado são fortalecidas pelo óleo. O óleo evita o ressecamento, aumenta a umidade e impede muitos dos efeitos do envelhecimento precoce. Amacia a pele, elimina o atrito, espalha o calor por igual pelo corpo, e produz um brilho suave na pele. A pequena quantidade de óleo que permanece na pele depois da massagem, e o banho de qualauer tipo que se toma em seguida, promovem a resistência da pele aos extremos de temperatura e à pressão do meio ambiente. A aplicação do óleo no umbigo antes de dormir cura o ressecamento do corpo inteiro. Quando o óleo é aplicado na junção da espinha com o crânio, todo o sistema nervoso fica mais calmo, a memória fica fortalecida e a visão também melhora.

Os lutadores indianos nunca massageiam seus corpos sem usar óleo.

Acredita-se que quando corpo é esfregado seco, o atrito criado gera calor e dor, o que agrava o elemento vata (vento) e perturba os gases no corpo. As palmadinhas, a compressão, as amassadinhas e a pressão suave (até mesmo a pressão mais forte) podem ser aplicadas com segurança sem óleo. Isso pode ser tão benéfico quanto uma massagem com óleo, para afastar o cansaço, o stress, o nervosismo, a excitação e a ansiedade. Entretanto ela não fortalece nervos e pele, nem remove o ressecamento da pele. Na Índia as pessoas aplicam o óleo regularmente no ânus para evitar os pruridos; nos genitais, para evitar infecções por fungos; no nariz, para evitar a secura; nos olhos, para limpá-los e fortalecê-los; nos ouvidos, para limpá-los; e no umbigo, para curar o ressecamento do corpo e a fraqueza do fogo digestivo. A Ayurveda dá muita importância ao umbigo porque, através de uma rede de setenta e dois mil nervos sutis (os nadis) ele se conecta ao corpo todo. O umbigo também é a primeira fonte de nutrição e vida para o feto. O corpo precisa de óleo tanto quanto qualquer máquina usada regularmente. Evita-se o atrito que pode rapidamente prejudicar muitas partes importantes. O óleo é lubrificante e limpador, e conduz o calor de imediato, sem evaporar. Por causa da sua capacidade de espalhar o calor por igual, o óleo é usado como meio para o cozimento dos alimentos.

O Sushruta Samhita afirma que as práticas a seguir deveriam ser adotadas pelas pessoas que sofrem de doenças vata (vento):

- Aplicação de *sneha* (óleo/lubrificante) numa área afetada.
- Fomentação.
- Untar o corpo inteiro.
- Óleos purgativos.
- *Siro vasti* (esfregar óleo na cabeça).
- Fumigação com óleo*.
- Gargarejos com óleo tépido.
- O uso de rapés (agentes que induzem os espirros).

As pessoas com distúrbios vata deveriam também: usar manteiga líquida de búfala (ghee) ou manteiga clareada e óleo no cozimento dos alimentos; comer açafrão e frutas cítricas, lavar-se em água morna, receber uma massagem suave, usar roupas grossas de fibras naturais, usar camas macias, abster-se de sexo, e aquecer-se na irradiação quente de uma lareira.

Tabela de Óleos e Doshas

Dosha Agravado (ou Dominante)	*Óleo Básico*
Vata	Gergelim**
Pitta	Coco
Kapha	Mostarda ou oliva

Tipos de Óleo e suas Propriedades

Podem ser usados vários tipos de óleo para a massagem, mas lembrando sempre do dosha agravado do cliente. Os melhores são os óleos prensados a frio, obtidos de sementes de plantas e vegetais cultivados organicamente. Os óleos minerais e outros substitutos dos óleos naturais são prejudiciais para as funções metabólicas do corpo. Eles formam uma cobertura ou camada na pele, e as células sofrem porque não conseguem respirar livremente. Os umectantes na verdade aumentam o ressecamento depois de alguns minutos de uso; e muitas vezes eles contém

* A fumigação é um processo pelo qual são produzidos vapores ao se pingar óleos essenciais na água constantemente aquecida. Os vapores são então inalados para se obter um efeito benéfico.

**Nos casos de dores de cabeça vata, deve-se misturar ao óleo de gergelim um pouco de óleo de gualtéria, eucalipto e menta.

conservantes, e são perfumados artificialmente. Os óleos comerciais derivados de gordura animal apresentam o mesmo problema. Em resumo, nenhum outro lubrificante pode ajudar a pele tão bem quanto os óleos de sementes vegetais prensados a frio. Facilmente absorvidos, eles fornecem nutrientes e auxiliam no metabolismo do corpo. Os melhores são os óleos extraídos com um moinho de madeira (em comparação com os óleos extraídos em moinhos que possuem partes metálicas para prensar as sementes).

Óleo de Mostarda

O óleo de mostarda é um óleo muito popular na Índia para massagens. Lutadores e fisiculturistas preferem-no por causa do seu poder de aliviar a rigidez muscular provocada pela luta e pelos exercícios intensos de halterofilismo. O óleo de mostarda é untuoso, amargo, picante, forte, leve e aquecedor. Ele elimina as doenças causadas por vata (vento) e kapha (muco); aumenta a pitta (bile) e o calor corporal. Vermífugo e fungicida, ele cura a dor, a inflamação e feridas de todo tipo. O óleo de mostarda também é desinfetante, e quando usado em cortes, pára imediatamente o sangramento. É absorvido imediatamente quando esfregado na pele, e produz alívio para os nervos, músculos e ligamentos enrijecidos. Elimina a rigidez dos músculos, causada por febre e bronquite, limpa o sangue e abre os poros. O óleo de mostarda extraído de sementes de mostarda amarela pode ser aplicado nos olhos sem qualquer efeito prejudicial. Nenhum outro óleo é tão eficaz e inofensivo quando aplicado em regiões delicadas, como o nariz, o ouvido, a garganta, o ânus ou os genitais. Ele pode também fortalecer a pele e melhorar a sua pigmentação.

Para as pessoas com artrite e gota, os textos ayurvédicos recomendam a massagem com uma mistura de óleo de mostarda e cânfora orgânica: aqueça lentamente ¼ de xícara de óleo com 3/16 de colher de chá de cânfora orgânica em fogo brando até dissolver.

Uma dor de ouvido que começa de repente pode ser curada colocando-se algumas gotas e óleo de mostarda tépido no ouvido afetado.

Para inchaços de qualquer espécie, uma massagem com óleo de mostarda morno é muito benéfica. Para obter resultados mais rápidos, aqueça uma das substâncias a seguir em duas colheres de sopa de óleo: alguns dentes de alho, ½ colher de chá de assa-fétida, ou ½ colher de chá de sementes de feno-grego. Cozinhe até ficar preto e coe antes de usar. (Se a assa-fétida estiver disponível sob a forma de goma pura, use uma quantidade igual ao tamanho de uma ervilha). A massagem no estômago e na região abdominal com óleo de mostarda impede o aumento das cólicas e ajuda na cura.

Uma massagem com óleo de mostarda combinado com um pouco de pó de açafrão pode aliviar qualquer tipo de ressecamento, irritação da pele, ou fissura. A adição, à essa mistura, de uma pequena quantidade de cânfora orgânica ou essência de cânfora pode dar um alívio refrescante e ao mesmo tempo afastar qualquer prurido.

O uso prolongado e regular de óleo de mostarda no cabelo impede que ele caia e fique grisalho.

As pessoas com pele muito sensível podem sentir um pouco de irritação ao usar o óleo de mostarda, o que pode ser relacionado ao fato de usar um óleo de má qualidade. A grande parte dos óleos de mostarda vendidos hoje são feitos de sementes de mostarda pretas, que são adequados para massagens, visto que são de alta qualidade. Procure sempre óleo fresco, prensado a frio. O melhor óleo de mostarda é aquele extraído de sementes amarelas de mostarda e prensado com um moinho de madeira, mas isso é raro de encontrar atualmente.

Óleo de Oliva

O óleo de oliva é untuoso, ligeiramente amargo, e calorífero; ele aumenta a pitta (bile) e é nutritivo. Contém proteínas, minerais e oleina. O óleo de oliva é popular nos países do Oriente Médio e no Ocidente, onde é usado para cozinhar, e também como ingrediente para molhos de saladas. Pesquisas científicas realizadas na Europa mostram que o óleo de oliva pode agir como um meio preventivo contra a osteomalacia (amolecimento do osso). Ele bloqueia as infecções, exerce um efeito benéfico na flora do trato digestivo, ativa o fluxo da bile e estimula o metabolismo das gorduras.

O óleo de oliva pode ser usado para massagens, apesar de ser mais espesso e pesado do que outros óleos de massagem. Na Índia o óleo de oliva é raro e caro porque é importado. Por essa razão ele é usado somente na massagem medicinal. Os médicos ayurvédicos (vaidyas) e os médicos muçulmanos que seguem o sistema grego de medicina (hakims) receitam o óleo de oliva para aliviar a gota, a artrite, as dores musculares, e a poliomielite. É elogiado como sendo mais quente e mais nutritivo do que o óleo de gergelim e o óleo de mostarda, e tão bom para o corpo quanto o óleo de amêndoas.

Como o óleo de oliva é pesado e absorve a radiação solar, a massagem com ele antes de um banho de sol tornará o corpo mais receptivo à luz do sol. Sua pegajosidade e seu peso podem ser reduzidos adicionando-se a ele um pouco de óleo de gergelim; algumas gotas de um óleo essencial aromático como jasmim, rosa ou alfazema tornam-no um óleo ideal para a massagem. Ele é especialmente benéfico para bebês, crianças de constituição fraca, e idosos. Fortalece os músculos, a pele, e os nervos; também cura inflamações e melhora a pigmentação. No entanto, não é bom para os cabelos. Sempre que o óleo de oliva for usado para a massagem da cabeça, esta deverá ser lavada com um shampoo de ervas ou sabão-pó de nozes (*reetha).* (A reetha pode ser encontrada em algumas lojas de alimentos naturais ou armazéns indianos).

Óleo de Gergelim

O óleo de gergelim é um dos óleos de massagem mais populares na Índia Ocidental. Favorito dos médicos ayurvédicos, ele é usado como uma base para óleos medicinais.

O óleo de gergelim é untuoso, pesado, doce, amargo, adstringente e calorífico. Acaba com as doenças e os distúrbios causados por vata (vento) e aumenta a pitta (bile); pode ser usado moderadamente em indivíduos kapha (muco). Como contém dois antioxidantes naturais – sesamol e sesamoline – o óleo de gergelim se mantém por bastante tempo sem ficar rançoso. Ele contém minerais como ferro, fósforo, magnésio, cobre, ácido silícico, cálcio. O óleo de gergelim também é rico em ácido linoleico; seu conteúdo de lecitina têm um efeito benéfico nas glândulas endócrinas e especialmente nas células dos nervos e do cérebro. Ele contém oito aminoácidos essenciais importantes para o cérebro, o que pode explicar sua história de uso na massagem da cabeça e como óleo para os cabelos.

As sementes pretas de gergelim são usadas em todas as formas de ritual na Índia, desde o nascimento até a morte, e são oferecidas aos deuses através do *homa* (sacrifício do fogo). A cada inverno na Índia é obrigatório para todos comer uma variedade de alimentos feitos de sementes de gergelim, por um dia.

O óleo feito de sementes pretas de gergelim cura inflamações, elimina a dor e a rigidez muscular, fortalece a pele e nutre o cabelo. Cura a pele ressecada, melhora a textura da pele, e previne o envelhecimento precoce. Usado regularmente, ele melhora a forma dos seios. A massagem com o óleo de sementes pretas de gergelim elimina o cabelo branco e restaura a sua cor natural; aumenta a vitalidade e o sêmen, e cura a gota e a artrite. Ele absorve mais prana do que outros óleos vegetais. Como o óleo de gergelim é neutro e não irrita a pele como o óleo de mostarda pode irritar, e como não é pegajoso como o óleo de oliva, ele é o óleo de massagem preferido. As sementes de gergelim cinzentas são de qualidade média, e as sementes brancas só são boas para comer. O óleo de gergelim prensado a frio é extraído de uma mistura de sementes pretas, cinzentas e brancas. O óleo das sementes de gergelim pretas é mais benéfico para o cabelo do que o óleo claro, ligeiramente amarelado, extraído das sementes cinzentas e brancas. O óleo de gergelim perfumado embranquece o cabelo mais cedo.

Óleo de Coco

O óleo de coco, usado como base em muitos cosméticos e sabões, também é um óleo muito popular para massagens. Encontrado geralmente em áreas costeiras tropicais e sub-tropicais, o óleo de coco forma 8 porcento do suprimento de óleo e gordura do mundo. Como ele se solidifica facilmente, é fácil de transportar.

O óleo de coco é doce, relativamente leve, untuoso e refrescante. É apropriado para pessoas dominadas por pitta. Ele cura males da pele, como fissuras, queimaduras, inflamações, eczemas e infecções por fungos; ele é comumente usado em queimaduras e cortes devido às suas qualidades antissépticas. Esse óleo contém minerais, proteínas, carboidratos e glicérides altamente saturados de ácido laurico, palmítico e esteárico. Cura inflamações quando usado oralmente ou adicionado, cru, a saladas. No norte da Índia, o óleo de coco é favorito entre as mulheres porque torna o cabelo saudável, brilhoso e longo. Pode também ser usado para acalmar e refrescar as pessoas com cabeças quentes.

Quando é usado como alimento, esse óleo aumenta o kapha (muco), a menos que seja cozido com certas ervas aromáticas. No entanto, ele pode ser usado com segurança por pessoas de muco dominante, como um óleo de massagem. Ele é apropriado para pessoas que vivem em climas quentes. Aqueles que gostam de óleo de mostarda para massagens mas acham-no irritante para a pele, podem usar uma mistura de duas partes de óleo de coco para uma parte de óleo de mostarda.

A massagem com óleo de coco suaviza o calor do corpo que acompanha a excitação sexual. Os homens massageados com ele regularmente perceberão que ele aumenta a vitalidade e o sêmen e evita a ejaculação precoce. O óleo de coco é prontamente absorvido pela pele e melhora sua textura. Como é um óleo relativamente leve, não forma uma película na pele. Ele permite ao corpo absorver mais prana da atmosfera, na forma de oxigênio, ions negativos e radiações solares. Por essa razão ele é bom para ser usado como óleo bronzeador. Colocado no sol, num frasco de vidro azul, durante quarenta dias, esse óleo é capaz de curar a maior parte das queimaduras, portanto é bom tê-lo sempre na cozinha. Quando esse óleo curado no sol é aplicado no crânio, nas palmas das mãos e solas dos pés, ele pode reduzir as febres. Na Índia os cocos são considerados frutas sagradas, com muitas qualidades curativas.

Óleo de Amêndoas

O óleo de amêndoas branco é um bom óleo de massagem, mas é também muito caro. Por esse motivo, seu uso na Índia como óleo de massagem está restrito aos bebês, inválidos e idosos. O óleo de amêndoas é doce, untuoso, pesado, e apropriado para pessoas dominadas por kapha, pois é calorífico. Contém proteínas, minerais e oleína, como o óleo de oliva. Ele não contém clorofila, mas contém pequenas quantidades de ácido linoleico, glicérides, sacarose e asparagina. Se for colocado no sol, num frasco de vidro cor de laranja durante quarenta dias, esse óleo dá alegria, afasta o pessimismo e a ansiedade, e purifica o sangue. Devido às suas qualidades saudáveis, rejuvenescedoras, o óleo de amêndoas curado ao sol é bebido com leite, como tônico, pelos lutadores indianos. Ele melhora a sua capacidade respiratória e deixa seus corpos fortes.

Quando usado para massagens, o óleo de amêndoas é excelente para músculos e ligamentos, para curar as queimaduras da pele, aumentar o sêmen e a vitalidade nos homens, além de curar inflamações e ressecamentos de todos os tipos. Como tônico capilar, ele cura o ressecamento do couro cabeludo e a caspa, e também é bom para o cérebro.

Óleo de Castor

O óleo de castor é doce, amargo, e adstringente, assim como calorífico, pesado e oleoso. É apropriado para pessoas dominadas por vata. Alivia a pela seca e melhora a cútis, quando é usado externamente. O óleo de castor tem propriedades curativas e um efeito nutritivo e alcalino no corpo. Ele penetra profundamente na camada protetora sob a pele. Quando tomado oralmente, age como purgativo; cura a constipação e muitos males abdominais, como flatulência, cólicas e úlcera. É útil para eliminar toxinas, na forma da massa alimentar não digerida, conhecida como *ama.* O óleo de castor serve como afrodisíaco quando ingerido com tâmaras e leite, e aumenta a longevidade e a força das pessoas.

Outros Óleos

O óleos minerais são bons substitutos para os óleos vegetais. Eles não são absorvidos pela pele, mas formam uma camada sobre ela. Isso bloqueia os poros e impede o metabolismo e a respiração adequados da pele. Quando não há outro óleo disponível, ele pode ser usado para massagem, contanto que o receptor tome um banho tão logo o corpo volte à sua temperatura normal.

Os óleos para bebês geralmente contém emulsificadores e são perfumados artificialmente. Não conferem quaisquer benefícios nutritivos para o corpo ou cabelo, exceto o de eliminar temporariamente o ressecamento. Hoje em dia, a maioria dos óleos para bebês contém óleo de parafina, que a longo prazo pode ser prejudicial. Os óleos para bebês definitivamente não deveriam ser usados nos bebês, pois suas peles delicadas precisam de óleos nutritivos, orgânicos, de origem vegetal, livres de resíduos e pesticidas. Os óleos de amêndoas, de mostarda, ou uma mistura dos dois, ajudam no crescimento de músculos e fibras.

Fórmulas de Óleos e seus Usos

As fórmulas ayurvédicas a seguir têm sido usadas ao longo dos anos para aliviar a pele áspera, o cansaço, o envelhecimento prematuro, o stress e a tensão. Podem ser obtidos resultados específicos quando certos óleos são misturados ou cozidos com certas plantas medicinais e ervas aromáticas. Algumas dessas fórmulas são usadas hoje em dia por médicos naturopatas. Óleos essenciais, como os de gualtéria, eucalipto, menta, cravo, canela, sândalo, rosa e cânfora, são usados em muitas das fórmulas. Uma ajuda adicional para certas condições enfermiças pode vir da coloração. Os óleos adquirem diferentes qualidades curativas de acordo com a cor do frasco de vidro em que são armazenados. O verde é bom para a cura física, e é especialmente benéfico para as condições vata. Se não for possível encontrar o frasco colorido apropriado, um frasco claro enrolado em um papel colorido transparente também funcionará.

Fórmulas de Óleo para o Corpo em Geral

Para mulheres e crianças

- Em 4 xícaras de óleo de mostarda ou óleo de gergelim, coloque 6 colheres de sopa de óleo de sândalo.
- Em 4 xícaras de óleo de mostarda ou de gergelim, coloque 1 xícara de óleo de amêndoas,2 colheres de sopa de óleo de germe de trigo, e ½ xícara com 1 ½ colheres de sopa de óleo de sândalo.
- Em 4 xícaras de óleo de gergelim, coloque 3 colheres de chá de óleo de rosas.
- Em 4 xícaras de óleo de gergelim, coloque 2 colheres de sopa de óleo de germe de trigo e 4 ½ colheres de sopa de óleo de rosas.
- Em 4 xícaras de óleo de gergelim coloque 2 colheres de sopa de óleo de amêndoas, 2 de óleo de germe de trigo e 2 de óleo de jasmim.

Guarde essas misturas em frascos de vidro verde. Coloque-os no exterior, no sol, durante o dia, e numa área aberta à noite, por 40 dias.

Para os homens

- Em 4 xícaras de óleo de gergelim coloque 2 colheres de sopa de óleo de mostarda, aquecidas com: alguns dentes de alho, ½ colher de chá de assa-fétida, ½ colher de chá de sementes de feno-grego, ou 1 colher de chá de sementes de orégano. (Aqueça as sementes de orégano até que fiquem pretas). Filtre o óleo de mostarda, depois acrescente 3 colheres de sopa de açafrão da Índia e cozinhe até que fique marrom escuro*. Depois junte tudo ao óleo de gergelim.

- Em 4 xícaras de óleo de gergelim, coloque 2 colheres de sopa de óleo de semente de abóbora**.

Guarde essas misturas em frascos de vidro verde. Mantenha-os no sol durante o dia, no exterior, e numa área aberta à noite, por 40 dias.

Para mulheres jovens

- Em 4 xícaras de óleo de gergelim preto, adicione 2 xícaras de óleo de jasmim***.
- Em 4 xícaras de óleo de coco, adicione 1 colher de sopa de óleo de germe de trigo e 3 colheres de sopa de óleo de rosas ou 6 de óleo de sândalo.
- Em 4 xícaras de óleo de gergelim, adicione 2 colheres de sopa de óleo de germe de trigo e 6 de óleo de sândalo.
- Em 4 xícaras de óleo de gergelim, adicione ¼ de xícara de óleo de girassol, e 3 colheres de sopa de óleo de alfazema.

Guarde essas misturas em frascos de vidro verde. Mantenha-os no exterior, no sol, durante o dia, e numa área aberta à noite, durante 40 dias.

Para mulheres entre quarenta e cinqüenta anos de idade

- Em 4 xícaras de óleo de gergelim preto adicione 2 xícaras de óleo de germe de trigo e 2 colheres de chá de óleo de amêndoas.
- Em 4 xícaras de óleo de gergelim preto adicione 2 xícaras de óleo de germe de trigo, 2 colheres de sopa de óleo de oliva, e ½ xícara mais 1 ½ colheres de sopa de óleo de sândalo ou 4 ½ de óleo de rosas.
- Em 4 xícaras de óleo de coco, adicione 2 xícaras de óleo de gergelim preto, 2 de óleo de germe de trigo, 2 colheres de sopa de óleo de amêndoas e 6 de óleo de alfazema.

Guarde essas misturas em frascos de vidro amarelo. Mantenha-os no exterior, ao sol durante o dia e numa área aberta à noite durante 40 dias.

Para mulheres de cinqüenta anos de idade ou mais

- Em 4 xícaras de óleo de gergelim preto adicione 2 xícaras de óleo de amêndoas, 2 colheres de sopa de óleo de germe de trigo e 2 de óleo de sândalo ou óleo de rosas.

* O açafrão da Índia, ou cúrcuma, fortalece a pele, alivia kapha (muco) e vata (vento), aumenta a virilidade e cura feridas. Se o óleo de mostarda causar irritação da pele, aqueça o açafrão da Índia separadamente em um pouco de óleo de gergelim e depois verta-o no recipiente grande.

**Essa mistura é rejuvenescedora e evita o aumento da próstata. As sementes de abóbora são diuréticas e vermífugas; são também ricas em zinco. O óleo de abóbora é refrescante, e o óleo de gergelim é calorífico. A mistura é vitalizadora e nutre os tecidos, as fibras musculares e os ligamentos.

***O óleo de jasmim citado nessa receita é extraído de sementes de gergelim, tratadas com flores de jasmim. O óleo de jasmim vendido hoje nos mercados é de gergelim ao qual foi adicionada a essência de jasmim. Este último só possui a fragrância; o procedimento descrito para o tratamento do óleo com as flores produz óleo de jasmim verdadeiro.

- Em 4 xícaras de óleo de gergelim preto adicione 2 xícaras de óleo de coco, 2 colheres de sopa de óleo de amêndoas, 2 de óleo de germe de trigo e 2 de óleo de semente de abóbora, e ½ xícara mais 1 ½ colheres de sopa de óleo de sândalo ou óleo de rosas.

Guarde essas misturas em frascos de vidro cor de laranja ou vermelho. Mantenha-os no exterior, ao sol, durante o dia, e numa área aberta à noite durante 40 dias.

*Para Homens Recém-Casados**

- Em 4 xícaras de óleo de gergelim preto adicione 2 colheres de sopa de óleo de amêndoas, 1 colher de sopa de óleo de germe de trigo e 2 colheres de chá de óleo de canela.
- Em 4 xícaras de óleo de gergelim preto acrescente 2 colheres de sopa de óleo de oliva, 1 colher de sopa de óleo de germe de trigo e 1 de pó de açafrão da Índia.

Guarde essas misturas em frascos de vidro cor de laranja. Mantenha-os no exterior, ao sol, durante o dia e numa área aberta à noite, durante 40 dias.

Para Mulheres Recém-Casadas

- Em 4 xícaras de óleo de coco acrescente 2 xícaras de óleo de jasmim, 2 colheres de sopa de óleo de amêndoas e 1 colher de sopa de óleo de germe de trigo.
- Em 4 xícaras de óleo de gergelim adicione 2 xícaras de óleo de coco, 2 colheres de sopa de óleo de germe de trigo, e 3 de óleo de rosas.

Guarde essas misturas em frascos de vidro claro. Mantenha-os no exterior, no sol, durante o dia, e numa área aberta à noite, por 40 dias.

FÓRMULAS DE ÓLEO PARA AS ESTAÇÕES DO ANO

No inverno (vata [vento] e kapha [muco] são dominantes)

- Em duas xícaras de óleo de oliva, adicione 2 colheres de sopa de óleo de germe de trigo.
- Em 2 xícaras de óleo de amêndoas, adicione 2 colheres de sopa de óleo de germe de trigo e 2 de óleo de oliva.
- Em 2 xícaras de óleo de gergelim, adicione 2 colheres de sopa de óleo de germe de trigo e 2 de óleo de amêndoas.

Na primavera (kapha [muco] e pitta [bile] são dominantes)

- Em 2 xícaras de óleo de gergelim, adicione 2 colheres de sopa de óleo de amêndoas.
- Em 2 xícaras de óleo de gergelim adicione 2 colheres de sopa de óleo de milho ou de raiz de cálamo.
- Em 2 xícaras de óleo de amêndoas, adicione 2 colheres de sopa de óleo de germe de trigo e 2 de óleo de semente de abóbora.

* O noivo deve tomar uma colher de chá de sementes em pó de gergelim preto misturadas a ¼ de colher de chá de açúcar natural. Então, ele deverá tomar a seguinte bebida de leite aromatizado: aqueça uma xícara de leite e adicione 5 tâmaras. Deixe ferver por 3 a 5 minutos. Retire do fogo, coe o leite e amasse as tâmaras com uma colher. Misture o leite e a polpa das tâmaras e acrescente uma pitada de açafrão antes de beber.

No verão (pitta [bile] é dominante)

- Em 2 xícaras de óleo de coco, adicione 2 colheres de sopa de óleo de germe de trigo e 2 de óleo de sândalo.
- Em 2 xícaras de óleo de coco, adicione 2 colheres de sopa de óleo de sementes de abóbora.
- Em 2 xícaras de óleo de gergelim adicione 2 colheres de sopa de óleo de sementes de girassol e 2 de óleo de sementes de abóbora.

No outono (vata [vento] é dominante)

- Em 2 xícaras de óleo de gergelim, adicione 2 colheres de sopa de óleo de rosas e 2 de óleo de castor.
- Em 2 xícaras de óleo de gergelim, adicione 2 colheres de sopa de óleo de jasmim.
- Em 2 xícaras de óleo de amêndoas, adicione ¼ de xícara de óleo de gergelim e 3 colheres de sopa de óleo de sândalo.

Para dias frios e chuvosos

- Misture 2 colheres de sopa de cada um dos seguintes óleos: coco, mostarda, gergelim, germe de trigo e oliva.

Fórmulas Caseiras Especiais de Óleos

Para melhorar a memória

O óleo *Brahmi (gotu kola)* e o óleo *brahmi-amba (Emblica officinalis)* são recomendados para melhorar a memória. Qualquer um desses óleos pode ser comprado pronto em mercearias indianas ou preparados de acordo com as receitas que ensinamos a seguir.

Guarde ambas as fórmulas em frascos verdes, amarelos ou alaranjados; essas cores são boas para a memória. O vidro claro também é bom porque absorve a gama inteira de freqüência das cores. Se possível, mantenha o frasco no exterior, ao sol, durante o dia, e numa área aberta à noite, durante 40 dias. Isso aumentará o efeito aquecedor do óleo, e assim também o seu poder terapêutico.

Óleo Brahmi

1 xícara + 1 colher de sopa de folhas de gotu kola secas
4 xícaras de água
1 xícara + 1 colher de sopa de óleo de gergelim

Ferva as folhas de gotu kola na água. Depois que três quartos da água evaporarem, junte o óleo de gergelim. Ferva até a água remanescente evaporar; quando isso acontecer, a mistura tomará a consistência do óleo não dissolvido.

Coe o óleo e guarde num local fresco e seco. Em 2 xícaras de óleo brahmi acrescente 2 colheres de sopa de óleo de amêndoas, que também é bom para o cérebro.

Óleo Brahmi-Amla

1 xícara + 1 colher de sopa de folhas secas de gotu kola

4 xícaras de suco de amla, extraído da fruta fresca amla
4 xícaras de água
2 xícaras de óleo de gergelim
2 colheres de sopa de óleo de semente de abóbora

Ferva as folhas de gotu kola no suco de amla e na água. Depois que três quartos do líquido evaporaram, acrescente o óleo de gergelim. Ferva a mistura até que a água e o suco evaporem completamente. Quando isso acontecer a mistura tomará a consistência de óleo não diluído.

Coe a mistura, e então acrescente o óleo de semente de abóbora, que ajuda nos casos de perda de memória.

- Outra fórmula que fortalece o cérebro e o sistema nervoso, e assim melhora a memória, pode ser feita adicionando-se ¼ de xícara de óleo de amêndoas e ¼ de óleo de sândalo a 2 xícaras de óleo de gergelim. Essa fórmula pode ser usada como um óleo capilar, por homens e mulheres; ajuda também as pessoas a se manterem calmas em circunstâncias perturbadoras.

Para melhorar a circulação

- Em 4 xícaras de óleo de mostarda, adicione 1 xícara de óleo de oliva e 2 colheres de sopa de gualtéria e 2 de óleo de eucalipto. Essa mistura promove o calor e estimula a circulação da energia prânica a áreas inertes ou de circulação deficiente.

Para aliviar congestões do peito

- Em duas colheres de sopa de óleo de mostarda, aquecidas em fogo médio/alto, acrescente ½ colher de chá de assa-fétida em pó ou 5 dentes médios de alho. Cozinhe de 5 a 7 minutos até que o alho fique totalmente amolecido ou a assa-fétida fique marrom escura. Depois que a mistura esfriar, coe o alho amolecido e use o óleo remanescente temperado para a massagem. Pouco antes de aplicar, acrescente uma pitada de sal. Se o óleo estiver sendo preparado para uso posterior, lembre-se de aquecê-lo antes de aplicá-lo.

Guarde esse óleo num frasco de vidro vermelho. Se possível, mantenha o frasco no exterior, à luz do sol, durante o dia, e numa área aberta à noite, durante 40 dias. Isso aumentará seus efeitos aquecedores e com isso seus poderes terapêuticos.

- *Variação*: 2 colheres de chá de sementes de feno-grego podem ser substitutos para o alho ou a assa-fétida. Cozinhe as sementes e aplique 2 gotas desse óleo em cada narina (ou em cada ouvido) para aliviar a coriza, a congestão, ou outros problemas causados por um resfriado.
- Para fazer um outro óleo medicamentoso, que ajuda a aliviar a congestão peitoral, acrescente 2 colheres de chá de canela e 2 de óleo de eucalipto a 4 xícaras de óleo de gergelim. Guarde num frasco de vidro cor de laranja e use sem aquecer.

Para aliviar o excesso de calor corporal

- Misture 2 colheres de chá de óleo de coco, 2 de óleo de sementes de abóbora e 2 de óleo de girassol com 3 colheres de chá de essência de rosas ou 3 colheres de sopa de óleo de rosas. A mistura de óleo de rosas é muito refrescante e cura queimaduras e mordidas de insetos. Também elimina a febre alta instantaneamente quando aplicada, em massagens, na coroa da cabeça e nas solas dos pés.
- Misture 2 colheres de sopa de óleo de coco e 2 de óleo de sementes de abóbora com 5 colheres de chá de óleo de coentro ou 3 de essência de *khus*, o óleo essencial do capim kusha. O óleo de kus também é bom para picadas de insetos e todos os tipos de queimadura, inclusive queimaduras solares.
- Misture 2 colheres de sopa de óleo de girassol com 1colher de sopa de óleo de coentro. Passe na cabeça, nos pés e no umbigo antes de dormir.

Guarde essas misturas em frascos de vidro azul. Mantenha-os no exterior, ao sol, durante o dia, e numa área aberta à noite, por 40 dias.

Para rejuvenescer o cabelo

A fórmula a seguir poderá ser usada por homens e mulheres. O óleo deverá ser passado regularmente antes de lavar o cabelo, para estimular o seu crescimento, protegê-lo contra as quebras, e evitar a queda.

- Misture o óleo *Bhringarj*, óleo *shikakai*, e óleo de gergelim ou de coco em quantidades iguais. Aplique no cabelo para melhorar o brilho e nutrir. Deixe durante a noite e lave na manhã seguinte com um shampoo de ervas ou com pó de sabão de noz, encontrado em armazéns indianos. Antes da lavagem pode ser usado um rinse de pó de amla*.

Para aliviar a insônia

O óleo *kaddu*, ou óleo extraído da semente de abóbora, massageado na cabeça antes de ir para a cama, é bom para a insônia. O óleo *kahu*, extraído das sementes da árvore kahu, também é recomendado pelos médicos ayurvédicos para essa condição. Os dois óleos misturados em proporções iguais também podem ser usados. Se os óleos kaddu ou kahu forem difíceis de ser encontrados, misture algumas gotas de óleo essencial de sândalo ou de rosa a ½ xícara de óleo de coco ou de gergelim e passe na cabeça. O óleo extraído por pressão a frio de uma mistura de quantidades iguais de sementes de coentro e sementes de gergelim pretas também alivia a insônia.

Para aliviar dores de cabeça

O óleo de sândalo é ideal para aliviar uma dor de cabeça. Na Índia usa-se geralmente uma pasta de sândalo para curar dores de cabeça, e o sândalo está sempre disponível para esse propósito.

* Para fazer esse rinse, moa frutas secas de amla em um almofariz de aço ou de ferro. Coe o pó num guardanapo fino. Deixe de molho à noite e coe novamente. Use somente a água como rinse. Se conseguir frutas verdes de amla, a polpa deverá ser usada para lavar o cabelo; caso contrário, descarte a polpa.

Para fazer uma pasta refrescante, misture uma pitada de cânfora orgânica e uma de açafrão com algumas gotas de óleo de sândalo e algumas gotas de água num pequeno almofariz, amassando até ficar macio. Outra parta refrescante é feita triturando-se conchas de cardamomo com uma pequena quantidade de água; ela alivia certos tipos de dores de cabeça em poucos minutos.

USOS TERAPÊUTICOS DOS ÓLEOS

- Creme, manteiga doce, ou "ghee": bom para massagens faciais; elimina rugas.
- Óleo de amêndoas: auxilia nos distúrbios do cérebro e do sistema nervoso, na sensação de queimação da pele, e no sangue impuro; na fraqueza, nas condições da idade avançada, e no envelhecimento precoce*.
- Óleo de babuna (camomila): auxilia nas dores musculares.
- Óleo de cânfora: auxilia na bronquite, no reumatismo, nas erupções cutâneas, eczemas e rachaduras da pele; para os vômitos quando tomado via oral em pequenas quantidades; ativa o estômago; ajuda na secreção biliar, e é vermífugo.
- Óleo de castor: alivia a pele seca quando usado externamente; alivia a constipação, muitas doenças abdominais e a febre reumática, quando ingerido; aumenta pitta (bile) e kapha (muco); diminui vata (vento).
- Óleo de coco: elimina o ressecamento da pele e do couro cabeludo; amacia as rachaduras da pele, as irritações e os eczemas; cura infeções por fungos.
- Óleo de coentro: elimina o excesso de calor do corpo.
- Óleo de cravo: ajuda nos problemas dentários e da gengiva, e no mau hálito.
- Óleo de gergelim: destrói as perturbações de vata; trata de inflamações, de dores, de gota e de artrite; cura o ressecamento e melhora a textura da pele.
- Óleo de mostarda: destrói doenças causadas por vata e kapha e aumenta pitta e o calor corporal; cura dores, inflamações e feridas de todo tipo; é vermífugo.
- Óleo de oliva: ajuda no reumatismo, na gota, na artrite, nas erupções, na poliomielite; auxilia na fraqueza muscular geral, dos ligamentos e dos nervos.
- Óleo de sândalo: ajuda na impotência, nas dores de cabeça, na insônia, na neurastenia e na esquizofrenia.
- Óleo de semente de abóbora: auxilia na insônia, na ansiedade, na febre, na falta de memória; rejuvenesce; evita o alargamento da próstata; cura a deficiência de zinco, quando ingerido; é vermífugo e diurético.
- Óleo de semente de uva: auxilia na bronquite, no reumatismo, nas erupções cutâneas, nos eczemas, rachaduras da pele; para os vômitos quando ingerido em pequenas quantidades; ativa o estômago; ajuda na secreção biliar; é vermífugo.
- Óleo kahu: ajuda na insônia e na neurastenia.

* Para as pessoas idosas, ou que sofrem de fraqueza geral, uma colher de chá de óleo de amêndoas misturada a um copo de leite quente com uma pitada de açafrão pode conferir mais vigor. Essa combinação também é boa para os que vivem em climas frios ou nas montanhas, e para pessoas com mais de 55 anos de idade.

Fórmulas Ayurvédicas de Óleo, e Seus Usos

- Óleo Amla*: óleo capilar.
- Óleo brahmi: ajuda na memória e na insônia; na força mental e nos problemas dos sinus; estimula os tecidos cerebrais; suaviza pitta.
- Óleo brahmi-amla: para massagens na cabeça; use-o como óleo capilar.
- Óleo de Bhringaraj: para a cabeça e o cabelo; evita a caspa e o couro cabeludo ressecado; suaviza pitta.
- Óleo mahanarayana: para reumatismo, gota, artrite, dores musculares e poliomielite; ameniza vata.
- Óleo narayana (uma variação do óleo mahanarayana); é bom para dores musculares e articulações rígidas; ameniza vata.

* O óleo amla encontrado nos mercados indianos não é o óleo amla verdadeiro. Uma fórmula simples mas trabalhosa para se fazer o óleo amla é a seguinte: deixe de molho frutas secas de amla em água por 24 horas (a proporção de água é de 4:1 para as frutas). Ferva a mistura até restar só ¼ da água. Escorra a água e adicione uma porção igual de óleo de gergelim. Ferva novamente até secar a água, e ao esfriar, guarde num frasco claro.

Capítulo Quatro

Preparação para a Massagem

A massagem é um método usado para o relaxamento e o fortalecimento de músculos, fibras, tendões, ossos, e pele, o que se consegue friccionando, comprimindo, amassando, dando palmadinhas e, às vezes, até tensionando e sacudindo os tecidos. Para fazer uma boa massagem, o praticante precisa prestar atenção na função e na forma da musculatura. A massagem mais eficaz é feita por uma pessoa que acompanha o fluxo dos fluidos e dos contornos naturais do corpo. Trabalhar contra a formação natural da musculatura pode criar desequilíbrios e doenças através da introdução de tensões, danificando os vasos capilares mais finos ou machucando os músculos.

Nos sistemas orientais e ocidentais de massagem, a pressão, a fricção, o amassamento e a compressão são a mesma coisa. A sequência de toques e de partes do corpo enfatizados na massagem ayurvédica diferem daquela do Ocidente. A Ayurveda coloca mais ênfase na massagem da cabeça, em que o óleo é colocado dentro do ouvido. Similarmente, a massagem dos artelhos e da sola dos pés também tem um papel mais importante. Uma massagem ayurvédica é geralmente um pouco mais enérgica e revigorante, e o receptor muda de posição várias vezes. Ela também envolve a aplicação de pressão nos marmas.

Marmas

Para praticar a massagem ayurvédica precisamos conhecer a localização dos marmas, os pontos de pressão do corpo. De acordo com o *Sushruta Samhita**, um marma deve ser entendido como a junção ou o local de encontro dos cinco princípios orgânicos: ligamentos, vasos, músculos, ossos, e articulações. Os quatro tipos de vasos – nervos, linfa, artérias, e veias – transportam vayu (energia vital), pitta, kapha e sangue, respectivamente. Esses elementos entram nos marmas para manter a umidade dos ligamentos, ossos, músculos e articulações locais. Desse modo os vayu, pitta, kapha e sangue sustentam o organismo.

*Sushruta Samhita, Kaviraj Kunjalal Bhishagratna, trad. (Varanasi: Chowkhamba Sanskrit Series Office) p.178.

Como os marmas são os principais assentos do vayu, soma (o princípio lunar), e tejas (o princípio do fogo) assim como das três qualidades fundamentais de sattva, rajas e tamas, é importante que todos os terapeutas os conheçam bem. Um praticante de massagem deve trabalhar com os marmas localizados na área do corpo que está sendo massageada, para ajudar a promover um equilíbrio eletroquímico no corpo. Na Ayurveda isso é identificado como um equilíbrio de sattva, rajas e tamas. Ele pode também ser entendido como um equilíbrio dos três doshas ou dos tipos constitucionais. Fazendo um movimento circular suave com os dedos indicador ou médio num marma, o corpo pode liberar ou eliminar toxinas*.

O praticante deve basear-se na listagem a seguir e no esquema às páginas 136-40, para identificar os marmas durante a massagem que estiver fazendo.

Classificação dos Marmas

Os 107 marmas no corpo podem ser divididos em cinco classes:

Onze Marmas Mansa (articulações musculares vulneráveis)

Quatro Talhridaya	uma Guda
Quatro Indravasti	dois Stanrohita

Quarenta e Um Sira Marmas (veias ou anastomoses)

Dois Manya dhamni	um Nabhi
Dois Neela dhamni	dois Parshva sandhi
Oito Matrika	dois Vrihati
Quatro Sringataka	dois Lohitaksha
Dois Apanga	quatro Urvi
Um Sthapni	dois Phana
Dois Apastambha	dois Apalapa
Um Hridayam	dois Stanmula

Vinte e Sete Marmas Snayu (uniões dos ligamentos vitais)

Quatro Ani	um Vasti
Dois Vitapam	quatro Kshipra
Dois Kakshadhara	dois Ansa
Quatro Kuruchcha	dois Vidhuram
Quatro Kurchshirah	dois Utkshep

Oito Marmas Asthi (junção dos ossos)

Dois Katika tarunam	dois Ansa phalak
Dois Nitambatwo	dois Shankh

* A mão direita do praticante move-se no marma no sentido horário, e a esquerda no sentido anti-horário.

VINTE MARMAS SANDHI (ARTICULAÇÕES DOS OSSOS VULNERÁVEIS)

Dois Janu	dois Manibandha
Dois Kurpara	dois Kukundaraya
Cinco Simantakas	dois Avarta
Um Adhipati	dois Krikatika
Dois Gulpha	

Do total de 107 marmas, vinte e dois estão nas extremidades inferiores (onze em cada perna), vinte e dois estão nos braços (onze em cada braço), doze estão no tórax e no abdômen, catorze estão nas costas, e trinta e sete na área do pescoço e da cabeça.

Nomes e Localizações dos Marmas

OS ONZE MARMAS SITUADOS EM CADA PERNA

1. Kshipra (entre o primeiro e segundo artelhos)
2. Tahhridaya (centro da sola do pé)
3. Kuruchcha (face superior do pé)
4. Kurchshira (calcanhar e margem externa do pé)
5. Gulpha (atrás de ambas as partes da articulação do tornozelo)
6. Indravasti (centro da barriga da perna)
7. Janu (articulação do joelho)
8. Ani (acima e na lateral da rótula do joelho)
9. Urvi (meio da coxa)
10. Lohitaksha (região inguinal)
11. Vitapam (raiz da próstata)

OS ONZE MARMAS EM CADA BRAÇO

1. Kshipra (entre o polegar e o primeiro dedo)
2. Talhridayam (centro da palma da mão)
3. Kuruchcha (acima de kshipra, raiz do polegar)
4. Kurchshira (no meio da articulação do pulso, na base do polegar e logo abaixo do dedo mínimo)
5. Manibandha (articulação do pulso)
6. Indravasti (meio do antebraço)
7. Kurpara (interior da articulação do cotovelo)
8. Ani (interior do braço, logo acima do cotovelo)
9. Urvi (meio do braço superior)
10. Lohitaksha (dobra axial)
11. Kakshadhara (axila)

OS DOZE MARMAS LOCALIZADOS NO TÓRAX E NO ABDÔMEN

1. Guda (ponta do osso caudal)

2. Vastih (bexiga)
3. Nabhi (umbigo)
4. Hridayam (xifóide)
5./6. Stanmula (abaixo do umbigo)
7./8. Stanrohita (acima do umbigo)
9./10. Apalapa (acima e ao lado da área do umbigo)
11./12. Apastambha (entre o umbigo e o esterno)

Os catorze marmas localizados nas costas

1./2. Katika tarunam (base das nádegas e da caixa pélvica)
3./4. Nitamba (caixa ilíaca externa)
5./6. Kukundaraye (articulações sacroilíacas)
7./8. Parshva sandhi (acima do tarunam katika, no alto da cintura)
9./10. Vrihati (ambos os lados da 10ª vértebra torácica)
11./12. Ansa phalak (omoplatas)
13./14. Ansa (ombros)

Os trinta e sete marmas localizados no pescoço e na cabeça

1./2. Neel dyhamni (frente da laringe)
3./4. Manya dhamni (ambos os lados da tireóide)
5. a 12. Oito Siramatrika (artérias em cada lado do pescoço)
13./14.Vidhuram (abaixo das orelhas)
15./16. Phana (ao lado de cada narina)
17./18. Apanga (canto externo do olho)
19./20. Avarta (lado externo da sobrancelha)
21./22. Shankh (têmpora)
23./24. Utkshepa (acima da orelha)
25. Sthapni (o terceiro olho)
26. a 30. Simantakas (articulações dos ossos do crânio)
31./32. Krikatikas (base do crânio)
33. a 36. Sringataka (no palato mole)
37. Adhipati (coroa da cabeça)

A Espinha

Em sânscrito a espinha é chamada de *meru danda.* Meru é uma montanha legendária, supostamente o centro do macrocosmo; *danda* pode ser traduzido como "haste". A espinha é o centro do microcosmo, o local de todas as atividades neuromotoras do corpo. Assim como o Monte Meru sustenta o corpo do macrocosmo, nosso meru danda – nossa coluna vertebral – sustenta nosso corpo.

Construída como o guizo de uma cascavel, a espinha é capaz de realizar qualquer tipo de movimento sinuoso. Para manter a sua forma correta, ela precisa ser movimentada através de exercícios, yoga e dança, e deve ser também sempre mantida ereta. A gravidade exerce o mínimo de impacto no corpo quando a espinha está ereta. Em todos os distúrbios mentais e físicos, os pacientes eventualmente se tornam incapazes de manter uma espinha ereta.

A maioria das pessoas não tem consciência da forma de sua espinha e não se sentam corretamente. Isso causa muitos problemas fisiológicos e psicológicos. Geralmente ela começa a ficar deformada depois dos quarenta e cinco anos de idade; isso se deve em parte ao processo de envelhecimento natural e às deficiências vitamínicas. Desenvolvendo uma consciência proprioceptiva da espinha e de sua forma, e mantendo-a ereta sem suportes artificiais, como almofadas ou descansos das costas, são os primeiros passos em direção a uma vida saudável.

As vértebras da coluna criam um canal que abriga e protege a medula espinhal. Conectando-se à base do cérebro e ao cérebro no crânio, o sistema nervoso central (o cérebro e a medula) é o centro de controle de todo o complexo sistema nervoso, que corre através do corpo inteiro. Os nervos motores e os nervos simpáticos e parassimpáticos, todos relacionados com atividades ou com descanso, ramificam-se a partir da medula espinhal e distribuem-se pelas vértebras e o osso sacro. De lá eles se ramificam para o resto do corpo, estimulando os tecidos dos músculos e dos órgãos e as atividades orgânicas enfraquecidas. Portanto, o alinhamento correto da espinha é essencial para o funcionamento saudável do corpo. A espinha é a base da juventude e do vigor; a pessoa que mantém sua forma apropriada e fica firme, terá pensamentos adequados, agirá corretamente, e viverá uma vida enérgica.

A massagem adequada da espinha e as manipulações vertebrais podem curar nervos fracos e distúrbios psíquicos. É interessante como nos momentos de tristeza e pessimismo a coluna fica solta e cai. Em momentos de alerta, de inspiração e de alegria, automaticamente a coluna fica ereta. A circulação do fluido cerebroespinhal, um fluido vital produzido no cérebro e bombeado do cérebro pela coluna abaixo, pela medula, é critico para a manutenção da forma correta da coluna. Como o exercício físico, a caminhada, o yoga ou a dança, ajudam na circulação desse fluido, as pessoas que se exercitam sentem-se inspiradas e refrescadas. Esse fluido, que nutre o sistema nervoso, contém muitas enzimas de crescimento e é responsável pela saúde física e mental. Um método eficaz para manter a boa circulação desse fluido é fazer torsões simples da coluna, como aquelas feitas na hatha yoga.

Quando se massageia a espinha, deve-se ter cuidado em não trabalhar com muita suavidade nem muito bruscamente. Se a massagem for muito leve, estimulam-se as fantasias mentais. Se a massagem for muito brusca e for usada uma pressão insuportável, pode produzir um efeito adverso nos nervos e no cérebro. Uma massagem na espinha sem óleo é ineficaz. Quando a massagem é ministrada de forma adequada – isto é, com o óleo apropriado, com paciência, e a quantidade correta de pressão – o óleo será facilmente absorvido pela espinha. Essa prática de rotina, feita diariamente, ou pelo menos 3 vezes por semana, promoverá uma proteção vitalícia contra o travamento das costas, e os distúrbios dos rins, do fígado, do estômago, dos pulmões ou do cérebro.

A massagem da espinha é especialmente importante porque a espinha é o assento dos centros psíquicos, ou chakras. De acordo com as escrituras do Tantra e do Yoga, ciências antigas para se alcançar estados mais elevados de consciência, a base da espinha é o assento da energia espiritual adormecida chamada de Kundalini. Enquanto a Kundalini não pode ser despertada através de qualquer técnica de massagem, os chakras, que estão relacionados, no plano físico, às glândulas endócrinas, podem ser influenciados pela massagem. A massagem na espinha pode induzir mudanças na química do corpo e liberar todas as tensões do corpo.

Se o corpo for visto como uma árvore invertida, conforme a descrição do Bhagavad Gita, o cérebro é a sua raiz e a espinha é o tronco. Como o tronco ereto da árvore canaliza a força gravitacional através dele, assim também a espinha ereta suporta o corpo e evita que fique distorcido pelo peso da gravidade.

Duração da Massagem

A duração de uma massagem pode ser melhor definida pelo praticante, em função do estado físico do receptor. Se o receptor for saudável e interessado principalmente no relaxamento ou na melhoria do seu bem-estar, a massagem não deverá passar dos 30 ou 45 minutos. Se o receptor tiver pontos de tensão, dores, dormências, ou circulação deficiente, deve ser dada uma atenção especial às áreas atingidas e a massagem deverá durar de 45 a 60 minutos. Pessoas fisicamente fracas ou que possuem uma constituição fraca, não devem ser massageadas por mais de 30 ou 35 minutos. Esse tempo deverá ser dividido em em duas ou três partes, com intervalos de descanso, conforme a necessidade. Lenta e gradualmente o tempo poderá ser aumentado até 45 ou 60 minutos. Para aqueles que recebem massagens diariamente, ou que praticam a auto-massagem, de 35 a 40 minutos é suficiente. Para crianças e bebês recém-nascidos, 15 minutos é o bastante. Pessoas idosas em boa forma física precisam de uma hora inteira ou mais.

Duração da Massagem

Bebês recém-nascidos	15 minutos
Crianças até um ano de idade	15-20 minutos
Crianças até 3 anos de idade	20-25 minutos
Jovens até 17 anos de idade	30-45 minutos
Adultos saudáveis de até 40 anos de idade	30-45 minutos
Adultos de 40 a 60 anos	depende da sua saúde
Idosos saudáveis	60 min. ou mais
Inválidos	30-35 minutos
Pessoas com dores musculares	45-60 minutos

Contraindicações para a Massagem

Não faça a massagem quando:

- A pessoa está dominada por muco ou tem kapha agravado (mucus), i.e., está com tosse ou resfriada*.

* Sob essas condições não deve ser feita uma massagem de corpo inteiro, no entanto o peito e a caixa torácica devem ser massageados com óleos terapêuticos.

- A pessoa sofre de indigestão, constipação, vômitos, ou os primeiros estágios de uma febre.
- A pessoa acabou de tomar um purgante ou pratica o *basti* (enema) como parte de uma rotina de purificação.
- A pessoa acabou de fazer uma refeição completa.
- A pessoa acabou de ter relações sexuais.

Durante uma massagem do corpo inteiro o fogo digestivo é diminuído, o que, às vezes, pode agravar uma condição de doença.

TÉCNICAS DE MASSAGEM

Para realizar uma massagem com benefícios plenos, precisamos compreender a forma sistemática de efetuá-la. Precisam ser estudados: a forma apropriada da espinha, o alinhamento certo das vértebras, a localização dos pontos de pressão (marmas), e a cor e textura ideais da pele. É a partir da textura da pele que o praticante pode perceber o estado do corpo e determinar seu dosha constitucional (prakriti). Com o conhecimento dos pulsos, o praticante pode determinar o dosha que está dominante, a qualquer momento determinado (vikriti). O praticante precisa também conhecer as contraindicações da massagem, citadas acima.

A massagem não pode ser realizada simplesmente a qualquer hora e em qualquer lugar. Deve ser escolhido um ambiente, um lugar, uma hora e um tipo de óleo apropriados. O praticante também precisa estar familiarizado com o aspecto psicofísico do organismo humano. Não são só os músculos e a pele que estão envolvidos; também a delicada arte de tocar e as várias respostas ao toque. O toque ativa muitos sistemas do corpo, entre os quais os sistemas nervoso, circulatório, linfático e endócrino. Em um nível mais sutil, o praticante precisa ter uma consciência do papel das vibrações. O estudo da Ayurveda, combinado a um conhecimento do *swar* yoga* – a ciência da respiração – compõe um guia completo para o praticante.

Para obter conhecimentos de anatomia e fisiologia, o praticante poderá estudar o assunto em livros, ou assistir aulas, assim como participar de cursos de artes marciais e praticar levantamento de pesos e fisicultura. Para ter uma noção da forma natural da espinha, o praticante deverá estudar crianças felizes e saudáveis, de três a oito anos de idade. A observação é essencial para o estudo do físico humano. É crítico ter um olhar perspicaz e também estudar o próprio corpo.

Toques

Os quatro tipos de toque que devem ser usados na massagem ayurvédica são: dar palmadinhas, amassar, esfregar e torcer. O praticante deve começar dando palmadinhas na área a ser massageada, e então amassar a mesma. Depois, ele deverá passar vigorosamente algumas gotas de óleo entre as palmas das mãos para estimular a circulação e o calor nas mãos do praticante. Esse calor

* Veja *Respiração, Mente e Consciência*, de Harish Johari (Rochester, Vermont: Destiny Books, 1989) para obter mais informações sobre a swar yoga.

estimulará os nódulos linfáticos e o fluxo da linfa no corpo do receptor. Então, o óleo deverá ser esfregado no corpo. A cada vez em que o contato físico é interrompido, o praticante deverá bater as mãos com força. Isso serve para dar ao receptor um pouco de tempo para respirar, e para revitalizar a energia do praticante. Depois que uma parte do corpo foi esfregada por inteiro, o praticante finaliza a massagem da região com um movimento cruzado, amassando os músculos com ambas as mãos.

Dar Palmadinhas

As palmadinhas despertam o corpo. Elas aumentam a circulação do sangue e estimulam os vasos capilares sob a pele, tornando os músculos fortes. Também servem para ativar o sistema nervoso. As palmadinhas avisam as defesas naturais do corpo que a massagem começou; devem ser feitas com as palmas das mãos curvadas. Um minuto de palmadinhas é suficiente para igualar a temperatura entre as mãos do praticante e a área do corpo que está sendo massageada.

Amassar

Enquanto as palmadinhas aumentam o fluxo da força vital (prana) numa área em particular, o amassamento relaxa e elimina o stress acumulado nos músculos, articulações e ligamentos durante as atividades do dia a dia. Os músculos devem ser amassados da mesma forma que um padeiro amassa o pão e trabalha com a sua textura. Quando os músculos se soltam e a rigidez causada pelo stress se dissolve, eles começam a ficar como a massa de pão bem amassada. O amassamento cria atividade no interior das paredes das células, aumentando a circulação das substâncias químicas vitais que ajudam a desenvolver e rejuvenescer o corpo. Depois do amassamento o praticante deverá agarrar o músculo e sacudi-lo um pouco para verificar se o processo de soltura o deixou mais macio. Caso a musculatura não tenha ficado suficientemente relaxada e solta, o óleo nutriente não será absorvido e assimilado de forma adequada. Assim que os músculos ficarem suficientemente macios, o passo seguinte – a fricção – poderá começar.

Friccionar

A fricção seca promove um exercitamento da pele; estimula a circulação do sangue e da linfa e aumenta o calor na área massageada. Esse estímulo permite que os nutrientes presentes no sistema circulatório alcancem as articulações, e assim fortaleçam os ossos. A fricção seca também alivia a rigidez muscular e elimina o cansaço. Apesar da fricção seca da pele com uma toalha áspera depois do banho ser bastante benéfica, ela pode também causar distúrbios nos gases corporais através do aumento de vayu, o elemento do vento. Por esse motivo, uma toalha áspera deverá somente ser usada depois de um banho e com indicações terapêuticas.

Alguns sadhus indianos e janaistas esfregam cinzas em seus corpos, o que cria uma espécie de imunidade aos sentidos do toque. Ao dessensibilizar a pele – o órgão do sentido do tato – eles ficam protegidos das mudanças climáticas. As cinzas se tornam as suas roupas. Porém essa prática deve permanecer restrita aos iniciados nas ordens hinduístas e janaístas. Qualquer outra pessoa que tentar fazer isso passará a ter uma pele ressecada, que poderá começar a descamar ou inflamar.

A Ayurveda geralmente recomenda a fricção oleosa, com um óleo condizente com a estação do ano e o dosha agravado. Se ocorrerem dores, inflamações ou erupções, deverá ser usado um óleo apropriado a essas condições.

Usado adequadamente, o óleo poderá ser muito benéfico. Além de não excitar o elemento vayu e assim não perturbar os gases do corpo, ele lubrifica os dedos, facilita o friccionamento e distribui a temperatura do corpo por igual. Caso o óleo seja aromático, ele gera um odor agradável criando um ambiente propício para a massagem. (Se o óleo não tiver perfume, podem ser acrescentadas algumas gotas de um óleo essencial orgânico).

Friccionar a parte superior, as laterais e a parte inferior de uma articulação ajuda os seus movimentos articulatórios, porque os nódulos linfáticos, situados ao redor das articulações para mantê-las lubrificadas e protegidas do atrito, são estimulados, e liberam o fluido linfático (veja páginas 28-9). Dependendo de como é feita, a fricção serve a diferentes propósitos. A fricção suave ajuda o receptor a relaxar, ao passo que a fricção mais forte produz os mesmos benefícios do exercício. O praticante deverá iniciar a fricção suavemente, aplicando óleo na área a ser massageada. Depois que o óleo foi aplicado, a fricção poderá ser feita com mais força para gerar calor e permitir que o óleo seja absorvido pelo corpo. A velocidade com que o praticante trabalha deverá complementar o toque; quando a massagem for suave, a cadência deverá ser lenta; quando ela se tornar mais rigorosa, a velocidade deverá aumentar um pouco. Depois da fricção, o praticante deverá fazer movimentos circulares nos marmas (pontos de pressão) como está descrito nos capítulos que seguem.

Comprimir

A quarta e última técnica de massagem, a compressão, é feita somente nos membros, dedos e artelhos. Depois que o óleo usado na fricção foi absorvido*, aperte a parte do corpo que está sendo massageada, fazendo movimentos cruzados com ambas as mãos. As compressões devem começar nas coxas e descer até as pontas dos artelhos, e depois recomeçar nas axilas e terminar nas pontas dos dedos. Apertar dedos e artelhos significa fazer movimentos semelhantes aos de ordenhar uma vaca, com a única diferença de que os movimentos da massagem no corpo são feitos em cruzamentos transversais, enquanto os movimentos da ordenha são de baixo para cima e vice-versa, em linha reta. Ao girar suavemente os ossos dos artelhos e dedos para ambos os lados, nas articulações, a secreção dos hormônios do crescimento será estimulada.

A compressão influencia a fina rede de nervos e vasos sanguíneos capilares sob a pele, e força o fluxo de material nutriente em direção às extremidades. Feito com uma pressão suportável, esse movimento equilibra a pressão do sangue e de outros fluidos dentro das paredes das células. Ao criar uma distribuição uniforme de energia, a compressão ajuda a equilibrar a musculatura. Através dessa compressão, a tensão e a dor nos braços e pernas são liberados pelos dedos e artelhos.

Depois que os membros foram todos bem massageados através dessa compressão e o receptor ficou relaxado, o praticante deverá aplicar uma gota de óleo na ponta de cada um dos dedos

* Depois que o óleo foi absorvido, a película fina fica invisível e não mancha uma roupa limpa.

do receptor. Depois o óleo deve ser cuidadosamente colocado ao redor da ponta da unha de cada artelho, preenchendo a área entre a carne e a unha. Repita até que todas as unhas dos artelhos estejam lubrificadas. Isso elimina o ressecamento e torna macias novamente as partes inferiores dos artelhos, enrijecidas e quebradiças. Também amacia e fortalece as unhas.

Direção da Massagem

O corpo pode ser dividido em quatro seções: da base da espinha à base do crânio (parte de trás do tronco e da cabeça); da clavícula às pontas dos dedos (parte da frente e de trás de braços e mãos); da pélvis aos artelhos (parte da frente e de trás da pélvis, das pernas e dos pés); e a cabeça, com as orelhas.

Da Base da Espinha à Base do Crânio

Essa região do corpo é a primeira a se desenvolver como uma unidade no útero. Depois da fertilização do óvulo, a cabeça é a primeira parte do corpo a se desenvolver, seguida pelo tronco. Nessa região a energia se move em duas direções: ascendente, nas costas e descendente, na parte da frente. Por esse motivo, a massagem nas costas deve começar na base da espinha e subir ao longo dos dois lados da espinha simultaneamente, até a base do crânio.

Se a massagem for feita ao contrário, do pescoço até a pélvis, a energia é deslocada para baixo através das mãos e pode estimular o início de jogos sexuais. Com o fluxo ascendente da energia, os pensamentos se integram e os problemas mentais desaparecem. Além disso, com a massagem adequada nas costas, cada vértebra fica corretamente alinhada.

Da Clavícula às Pontas dos Dedos

Essa região inclui a parte superior dos braços, os cotovelos, os antebraços, os pulsos, as palmas das mãos e os dedos. A energia penetra no corpo através dessas partes. As mãos são usadas para pôr, extrair, expressar emoções e proteger-se. As mãos também servem como um veículo, tanto do prana quanto da mente. Na dança elas expressam a emoção através dos mudras (posturas de mãos); na oração elas servem como conectoras, elevando o nível de energia e auxiliando a canalizar correntes psíquicas. Usando os dedos, a mente pode tornar-se concentrada e centrada. Os dedos conectam a mente ao mundo exterior – eles expressam estados mentais e pensamentos.

O fluxo de energia viaja da clavícula em direção às pontas dos dedos, da parte interna dos braços à externa. Por esse motivo, a massagem é feita de cima para baixo, da clavícula às pontas dos dedos.

Da Pélvis aos Artelhos

Nessa região, a energia circula de cima para baixo. Os pés estão em contato constante com a terra e com a sua força gravitacional. Na Índia, as pessoas tocam os pés dos idosos para obter suas bênçãos e receber a energia afetiva transmitida pelos seus pés. Os versos das escrituras louvam os pés em lotus do guru; acredita-se que a meditação sobre os pés do guru promove a paz e destrói o pecado. Shaktipat mahayoga, uma linha de conduta do yoga que acredita na transferência de energia, afirma que os pés do guru são reverenciados porque é através deles que o guru transfere sua energia ao discípulo. Essa energia ajuda a desatar os nós (grantis) que impedem o fluxo de energia aos centros psíquicos superiores (chakras), liberando a energia para os estados superiores de consciência. Diz-se que Ramakrishna Paramahamsa transferiu sua energia para o seu discípulo Narendra (mais tarde conhecido como Vivekananda) beliscando-o na base de sua espinha.

Assim, mantendo a direção na qual a energia circula no corpo, a massagem nessa região é feita da pélvis em direção aos artelhos. Se a massagem for feita na direção inversa, os músculos das pernas sofrerão com os efeitos adversos e os folículos capilares ficarão irritados.

A Cabeça e as Orelhas

A massagem na cabeça começa medindo-se a distância de oito dedos das sobrancelhas ao topo do crânio. Pinga-se óleo no ponto da moleira (o ponto macio) espalhando-o para os lados. Depois ele é pingado no lugar em que o cabelo forma um topete, e espalhado, com as duas mãos, para ambos os lados da cabeça. Finalmente o óleo é pingado na junção do pescoço com o crânio, e depois espalhado na área do pescoço e atrás do crânio.

SEQUÊNCIA DA MASSAGEM

Na Ayurveda, a massagem começa na metade inferior do corpo, para que todo o ser possa relaxar. O trabalho nos pés, que têm muitos pontos de reflexo correspondentes ao resto do corpo, é feito logo no início a fim de preparar o corpo para a massagem do tronco. Em seguida trabalha-se na parte superior das costas e nos braços. Depois trabalha-se na parte superior do tronco, e em seguida nos braços. A cabeça, massageada por último, é trabalhada com o receptor numa posição sentada. (Como a circulação não é normal quando estamos numa posição reclinada, essa posição não é adequada para se trabalhar na cabeça e na face). Essa sequência particular energiza e relaxa o corpo sistematicamente, permitindo que os efeitos da massagem sejam potencializados.

Para um máximo benefício da massagem Ayurvédica, deverá ser obedecida a sequência seguinte:

PARTE DE TRÁS DO CORPO

1. Da pélvis aos artelhos (lados esquerdo e direito), de cima para baixo.
2. Espinha – ponta da cauda ao pescoço – de baixo para cima.
3. Omoplatas aos dedos, de cima para baixo (lados esquerdo e direito).

PARTE DIANTEIRA DO CORPO

1. Da pélvis aos artelhos (lados esquerdo e direito) de cima para baixo.
2. Do umbigo ao peito, de baixo para cima.
3. Clavículas aos dedos, de cima para baixo (lados esquerdo e direito).

Posição sentada

1. Lado de dentro do antebraço até os dedos (lados esquerdo e direito).
2. Pescoço, couro cabeludo e face, massageados de trás para frente.

É importante entendermos a natureza bipolar dos membros. A parte externa de um membro, mais afastada da espinha, é mais grosseira e consegue suportar as mudanças de temperatura e pressão melhor do que a parte interna. O aspecto externo é considerado masculino, enquanto o interno é considerado feminino. Como a parte externa é considerada menos sensível e menos frágil, ela acumula mais cansaço e absorve mais tensão, portanto deve ser massageada primeiro.

O receptor da massagem deverá estar vestido com o mínimo possível de roupas. Antes da massagem começar, deve-se solicitar a ele (ou ela) que assuma a postura de cadáver (do yoga) por alguns minutos para soltar o corpo. Para assumir essa postura, conhecida como shavasana nas escrituras do yoga, passe ao receptor as seguintes orientações:

> Deite-se de costas num plano, com os pés afastados numa abertura igual à distância entre os ombros, e com os braços descansando confortavelmente ao lado do corpo, as palmas das mãos para cima. Com os olhos fechados, deixe sua mente ficar calma e passiva. Dirija sua atenção aos seus artelhos e pés, e libere qualquer tensão que possa existir naquele local. Concentre-se nos joelhos, coxas, abdômen, peito e cabeça da mesma maneira, permitindo que fiquem relaxados e soltos. Depois de alguns minutos de relaxamento total, certifique-se de que não permaneceram tensões no corpo. Então concentre-se no terceiro olho – a região entre as sobrancelhas – e permaneça na postura de cadáver por mais alguns minutos. Agora você pode ficar de pé e respirar, esticando lentamente os braços ao longo do corpo enquanto inspira. Expire e solte os braços, deixando-os cair. Repita esse alongamento algumas vezes, acompanhado da respiração.

Quando o receptor faz esse lento alongamento, o praticante pode observar se o corpo está ereto ou encurvado. Muitas vezes as pessoas curvam o corpo para um lado ou outro, acreditando estarem eretas. Caso a pessoa não consiga, a pedidos, alinhar os ombros, então deve-se dedicar algum tempo adicional à massagem no ombro que estiver mais elevado. O receptor deverá ser aconselhado a ter sempre uma consciência da sua postura ereta em geral, o que o ajudará também a manter o equilíbrio mental. Se a pessoa não conseguir permanecer ereta voluntariamente, deve-se pedir que tome consciência da narina dominante na sua respiração, ao longo dos trinta dias seguintes. Isso lhe revelará qual o hemisfério cerebral dominante (o hemisfério esquerdo domina o lado direito do corpo e vice-versa). Então o receptor deverá ser aconselhado a trocar de narina frequentemente, para restabelecer um equilíbrio dos hemisférios*.

* Para mudar a narina dominante, deite sobre o lado da narina operante e coloque um pequeno travesseiro sob a caixa torácica para pressionar o pulmão desse lado.

PÓS-MASSAGEM

Uma vez terminada a massagem, o receptor deverá reassumir a postura de cadáver*. O praticante deverá cobrir o receptor com um lençol limpo, e depois também assumir a postura de cadáver num local confortável próximo (poderá ser no chão). Deste modo ambos os participantes poderão relaxar e restabelecer seus padrões respiratórios normais. Muitas vezes o ritmo da respiração se acelera com a massagem.

* Se a massagem tiver como finalidade a melhoria da saúde e da beleza, o receptor deverá ficar de pé e andar lentamente por alguns minutos antes de assumir a postura de cadáver.

Capítulo Cinco

Massagem do Corpo inteiro

A massagem do corpo inteiro descrita neste capítulo se concentra nos marmas, que é como os pontos de pressão são conhecidos na Ayurveda. Os nomes dos marmas e sua localização no corpo estão listados nas páginas 46-7; para uma consulta rápida, os marmas estão listados em ordem alfabética no apêndice.

Enquanto estuda essa prática de massagem, o leitor deverá constantemente consultar os mapas dos marmas no apêndice (veja páginas 136-40) para determinar a localização exata de cada marma. Você poderá tirar uma cópia dos mapas e da listagem, mantendo-os sempre à mão, junto com o livro, para uma consulta imediata, enquanto trabalha.

Diretrizes Básicas para a Massagem Ayurvédica

1. As extensões dos dedos, usadas como unidade de medida nas instruções a seguir, referem-se às extensões dos dedos do receptor. Elas podem ser aproximadas.

2. Bata as mãos todas as vezes em que retirá-las do corpo do receptor. Essa prática é tradicionalmente usada na massagem indiana para relaxar e recarregar as mãos do praticante.

3. Quando massagear os marmas, faça círculos pequenos concêntricos com as pontas dos dedos. Faça movimentos horários com a mão direita e anti-horários com a esquerda.

4. Certos marmas estão localizados tanto nos braços quanto nas pernas, e portanto têm os mesmos nomes.

5. Os marmas podem receber pressão de duas direções. Quando um marma puder ser friccionado de frente e de trás, ele é conhecido por ter aspectos anteriores e posteriores, como no caso do marma janu no joelho. Se um marma puder ser friccionado de ambos os lados, ele é conhecido por ter aspectos laterais *e mediais, como no* caso do marma gulpha no tornozelo.

6. Os marmas podem ser intencionalmente "bloqueados". Isso é feito pressionando-se ou segurando-se o ponto do marma com o polegar por alguns instantes para permitir que a energia ou os fluidos circundantes fluam ao redor desse marma.

PREPARAÇÃO

Coloque um pequeno colchonete coberto com uma esteira de palha no chão. (A esteira de palha evita que o colchonete fique manchado de óleo). Vista uma roupa solta e confortável. Peça ao receptor que tire toda a roupa, com exceção das roupas de baixo. É aconselhável que homens e mulheres massageiem somente pessoas de seu próprio sexo, para evitar que se distraiam com a energia sexual.

Peça ao receptor que se deite numa posição passiva, sobre a esteira, na postura shavasana (veja página 35). Puxe os dois tornozelos dele suavemente para esticar as pernas e realinhar os músculos e as articulações. Então peça-lhe que se vire, deixando os braços descansarem numa posição confortável. Agache-se, com as pernas abertas sobre as nádegas do receptor, ou ajoelhe-se, ou sente-se ao lado dele para executar a massagem.

Sacuda as mãos até sentir uma sensação de formigamento nas pontas dos dedos. Depois gire os pulsos alternadamente para a esquerda e para a direita, ou mexa as mãos ritmadamente, como se estivesse fazendo os mudras da dança indiana. Sacuda os pulsos novamente um pouco mais depressa. Desta vez, quando sentir a sensação de formigamento, é sinal de que os dedos estão carregados de energia fresca. Esfregue as palmas das mãos para gerar um pouco mais de calor, e então comece a massagem.

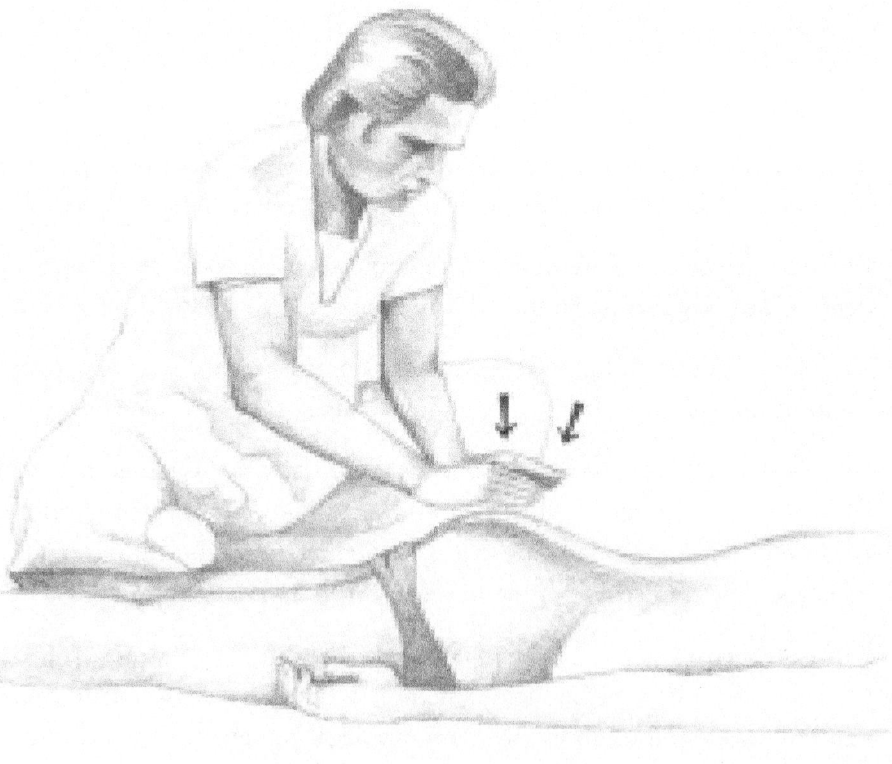

2

Parte Traseira Inferior do Corpo

Massagem das Nádegas e Quadris

Abaulando as palmas das mãos para criar uma forma côncava, comece a dar palmadinhas nos quadris e na base da espinha, com ambas as mãos (veja fig. 2). As palmadinhas estimulam a circulação e avisam as células de que a massagem está começando. Depois de um minuto, comece a amassar as nádegas com ambas as mãos, aplicando uma pressão suave (veja fig. 3). Então comprima as nádegas pinçando-as com os polegares e as pontas dos dedos, ou as palmas das mãos e as pontas dos dedos, para estimular os finos vasos capilares do sistema vascular (veja fig. 4). Esse movimento de compressão interrompe momentaneamente o fluxo sanguíneo. Uma vez suspensa a compressão, o sangue corre com maior intensidade, ativando o sistema circulatório e melhorando a liberação de toxinas.

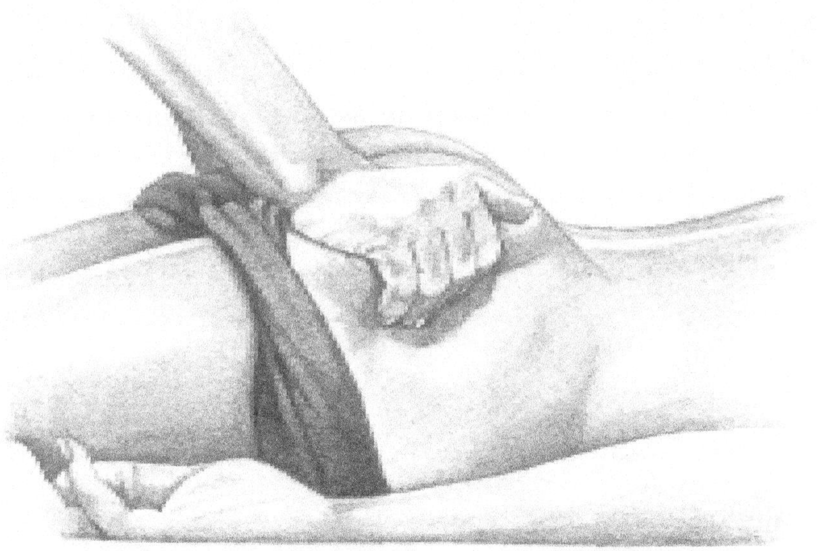

3

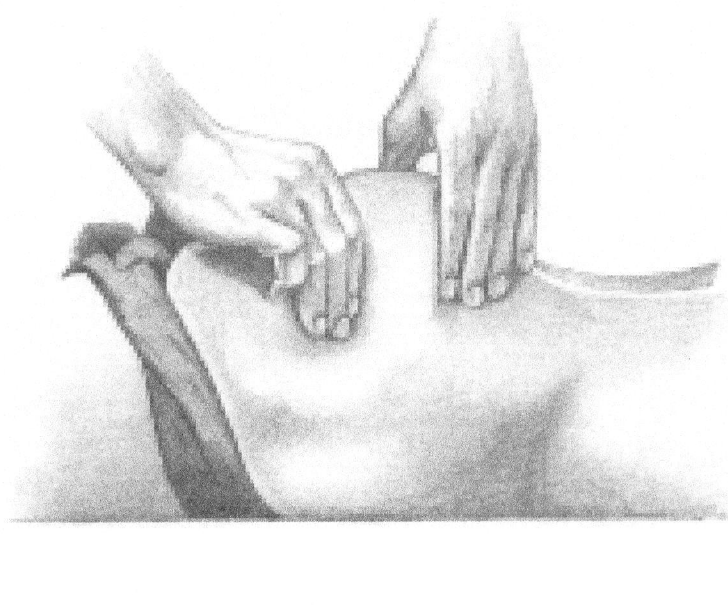

4

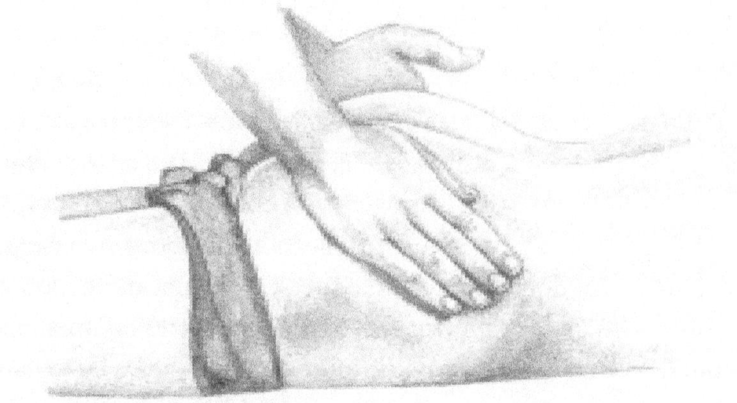

5

Depois da compressão, coloque as suas mãos em cada um dos lados dos quadris do receptor e sacuda os músculos das nádegas para trás e para a frente como gelatina, para soltar e amaciar os tecidos (veja fig. 5). Aplique óleo nas mãos e coloque os polegares em cada um dos lados do osso caudal, cerca de 2,5 cm acima da ponta do osso. Os dedos de cada uma das suas mãos

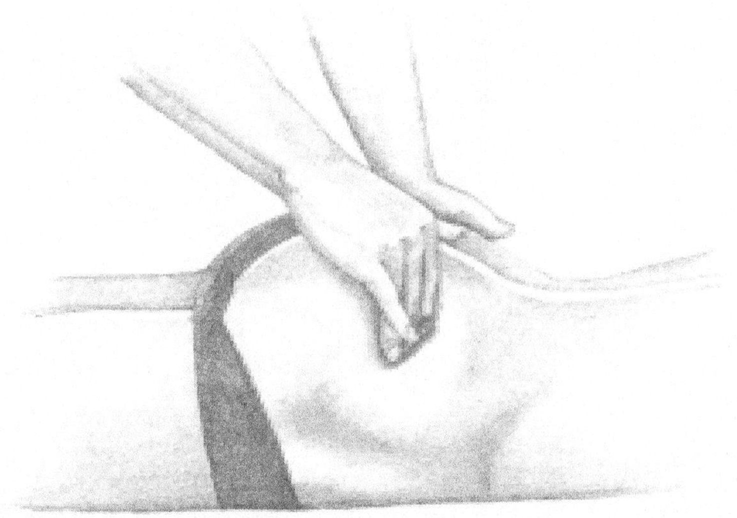

6

ficarão naturalmente em repouso sobre os marmas nitamba (veja fig. 6). Pressione as mãos sobre esses marmas, fazendo pequenos círculos concêntricos. Solte os polegares e esfregue óleo nos marmas, aumentando gradativamente o tamanho dos círculos até abranger toda a superfície da área das nádegas (veja fig. 7). Continue a esfregar com as palmas das mãos até que o óleo esteja totalmente espalhado e absorvido. Se for preciso, aplique mais óleo, para deixar os músculos macios ao toque e com brilho. Retire seus polegares da área do osso caudal e reduza gradativamente o tamanho dos círculos concêntricos. Termine a massagem dos quadris com as pontas dos dedos sobre os marmas nitamba. Antes de deixar a área, pressione suavemente o marma guda, localizado na ponta do osso (veja fig. 8).

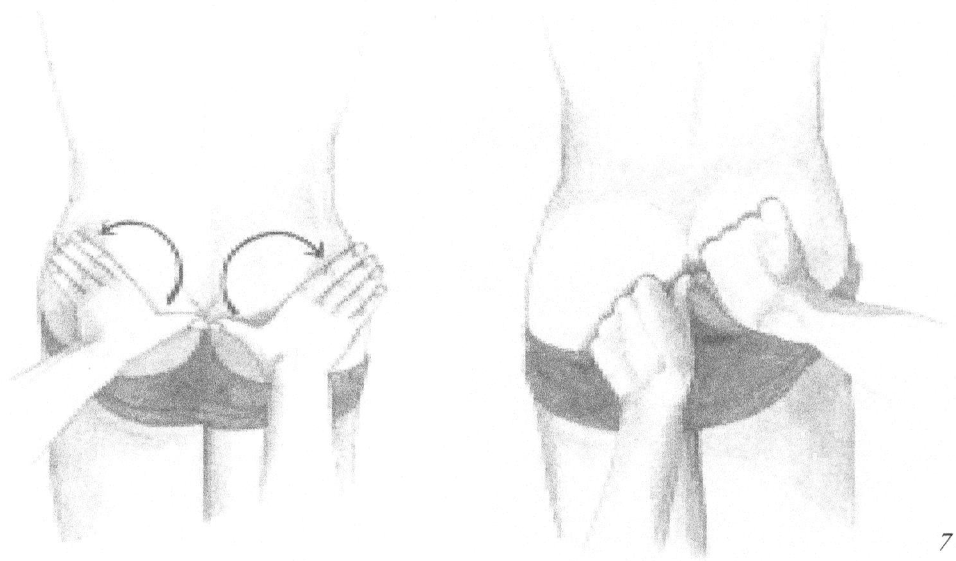

7 - 8

Massagem da Parte Superior da Perna

Comece dando palmadinhas nas partes superior e laterais das coxas. Para soltar os músculos, coloque suas mãos em cada um dos lados de uma coxa e sacuda para frente e para trás. Então amasse os músculos da coxa usando uma pressão suportável, alternando as mãos à medida em que for comprimindo (veja fig. 9). Assim que os músculos estiverem relaxados, pingue um pouco de óleo nas suas mãos e aplique-o na parte de cima e nas laterais da coxa.

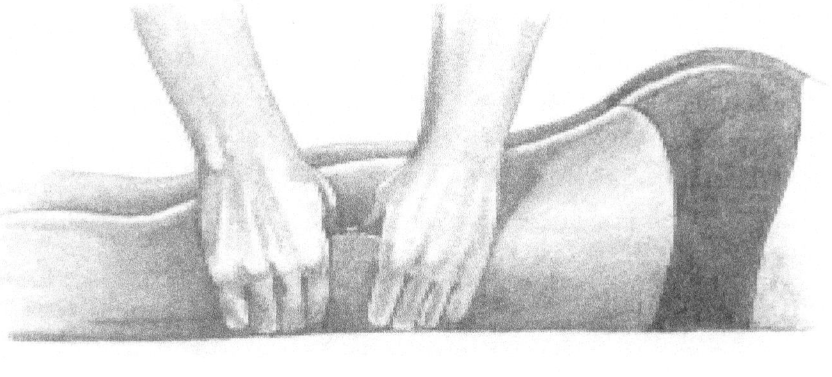

9

Localize dois marmas com seus polegares: o marma urvi, logo acima do ponto médio da coxa (veja fig. 10) e o ani posterior, três dedos acima do janu (veja fig. 11). Massageie cada um dos pontos usando pequenos círculos concêntricos. Como os marmas estão situados na junção de músculos, ossos, ligamentos, artérias, e nervos, poderá ser sentida uma pulsação nesses pontos.

Depois dos marmas terem sido friccionados, os músculos também devem ser massageados. Coloque os seus polegares no centro da coxa perto da dobra do glúteo, com as palmas das mãos pousadas em cada um dos lados. Movimente-as coxa abaixo, aplicando a pressão principalmente

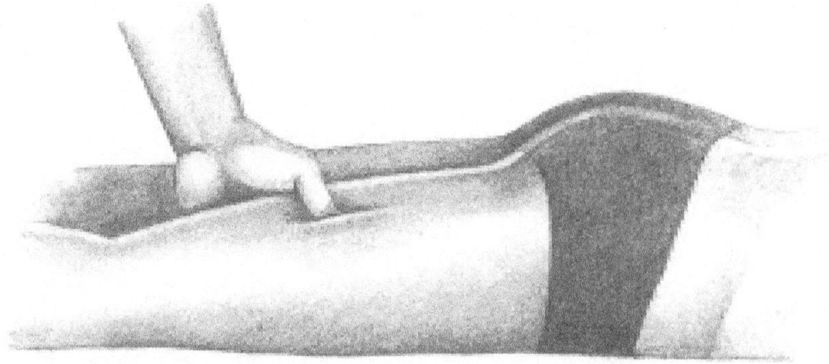

10

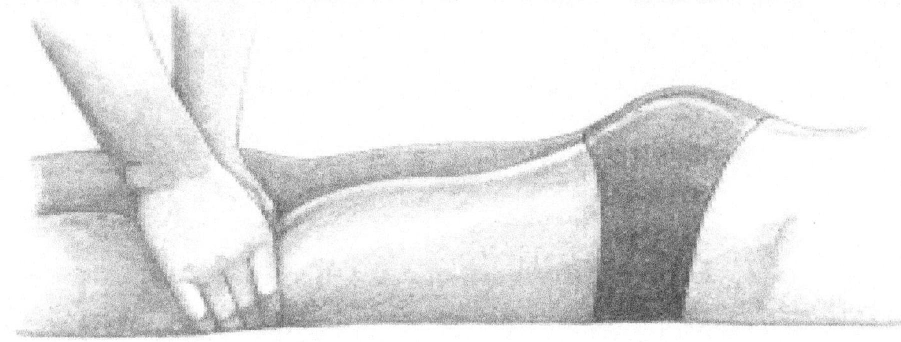

11

na parte externa da coxa. (A parte interna será massageada adequadamente mais tarde). Quando alcançar o joelho, afrouxe o toque e retorne em direção ao ponto de partida. O óleo deverá ter sido totalmente absorvido e a área da massagem deverá estar macia, com a textura suave, e morna ao toque. A cor da pele deverá estar mais rosada, comparativamente à área que não foi massageada.

Coloque novamente os polegares no centro da coxa, abaixo da dobra do glúteo, deixando sua mão interna próxima aos nódulos linfáticos inguinais. Comprima a parte superior da perna movendo as mãos transversalmente até chegar no joelho (veja fig. 12). Mova as mãos para a frente e depois afaste-as uma da outra. Repita esses movimentos de compressão três vezes, fazendo a massagem da parte superior da coxa até o joelho.

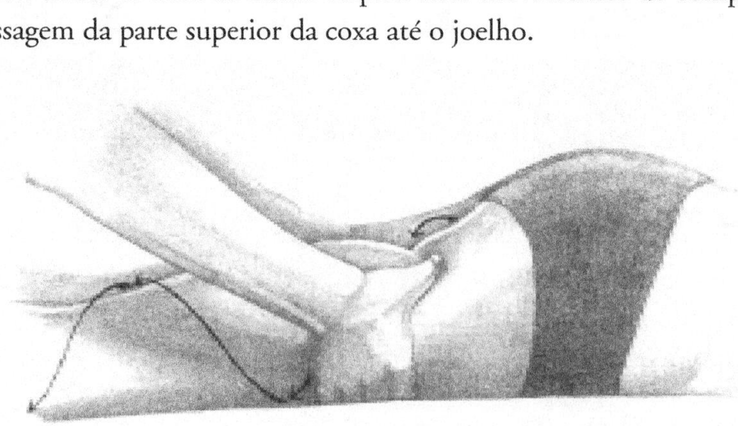

12

Atrás do joelho existe uma fina rede de nódulos linfáticos e um marma conhecido como janu posterior. Esse ponto, localizado no meio do joelho, deverá pulsar por baixo de seu polegar.

Faça um movimento circular com três dedos nesse ponto (veja fig. 13). Esfregue suavemente toda a área atrás do joelho com as pontas dos dedos lubrificadas (veja fig. 14), para estimular os nódulos linfáticos.

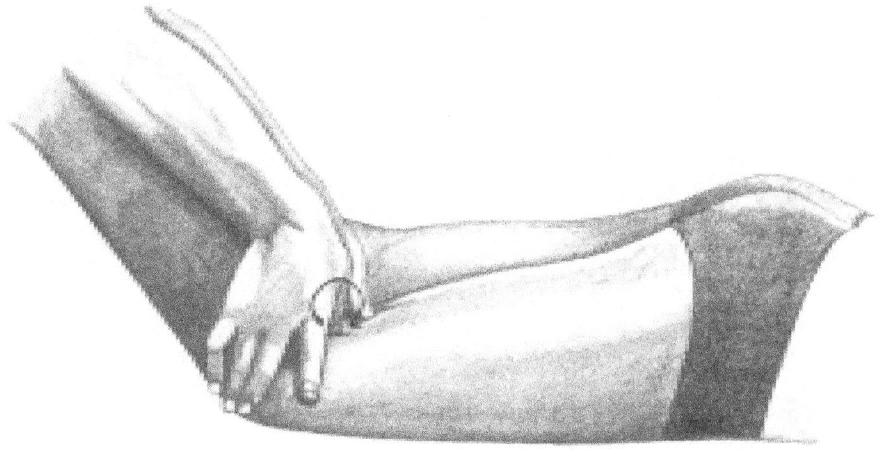

13

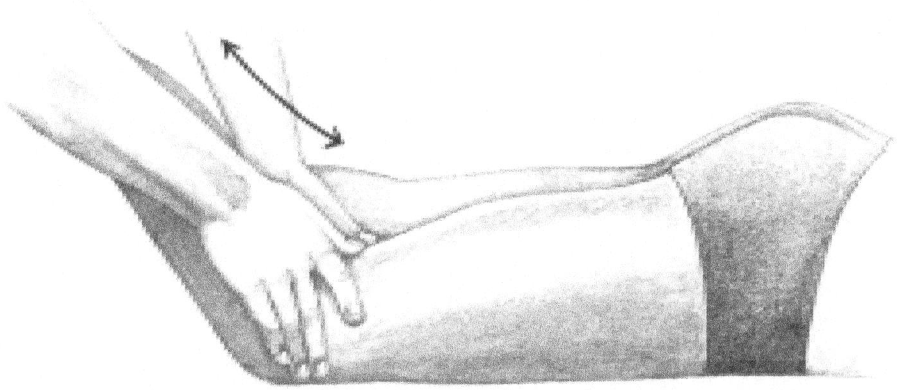

14

Massagem da Parte Inferior da Perna

De joelhos, coloque a parte frontal do pé do receptor sobre sua coxa. Depois de dar palmadinhas vigorosas na barriga da perna, desde o joelho até o calcanhar, segure os dois lados da barriga da perna e sacuda os músculos para frente e para trás (veja fig. 15). Como as barrigas das pernas suportam o peso de toda a parte superior do corpo, elas acumulam tensão e tornam-se duras e doloridas. É essencial relaxar esses músculos e restaurar sua flexibilidade.

Na linha central do músculo da barriga da perna, a seis dedos para baixo da dobra do joelho, está localizado o marma indravasti. Aplique uma pressão suave neste ponto com seu polegar, e depois esfregue-o com óleo. Segurando a frente do tornozelo no alto, com uma das mãos, use a outra mão para aplicar uma pressão suportável na parte externa da barriga da perna, esfregando bem o óleo no músculo (veja fig. 16). Para fazer esse movimento, o polegar permanece na linha central do músculo da barriga da perna. Quando a mão chegar ao tornozelo, faça um movimento circular para cima sem pressão, retornando ao ponto de partida. Repita várias vezes, até que o músculo da barriga da perna fique macio e relaxado, e o óleo tenha sido absorvido.

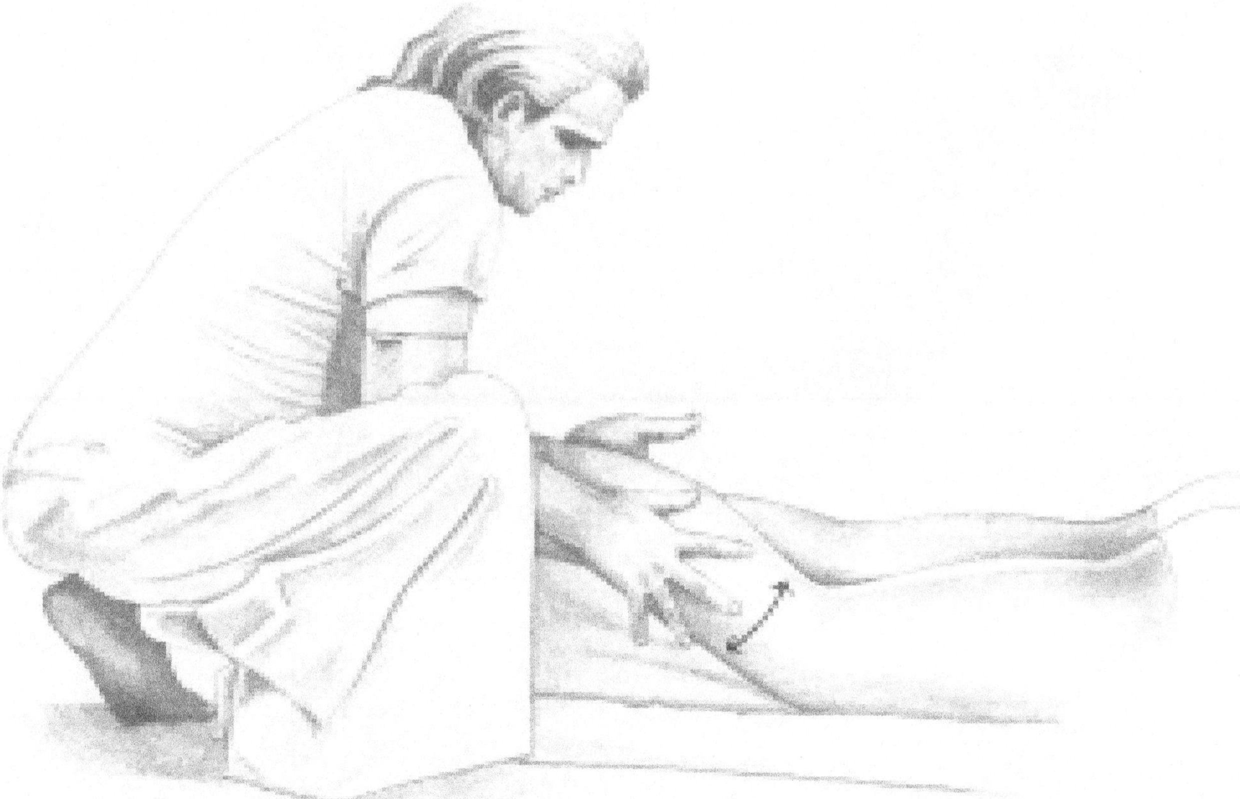

15

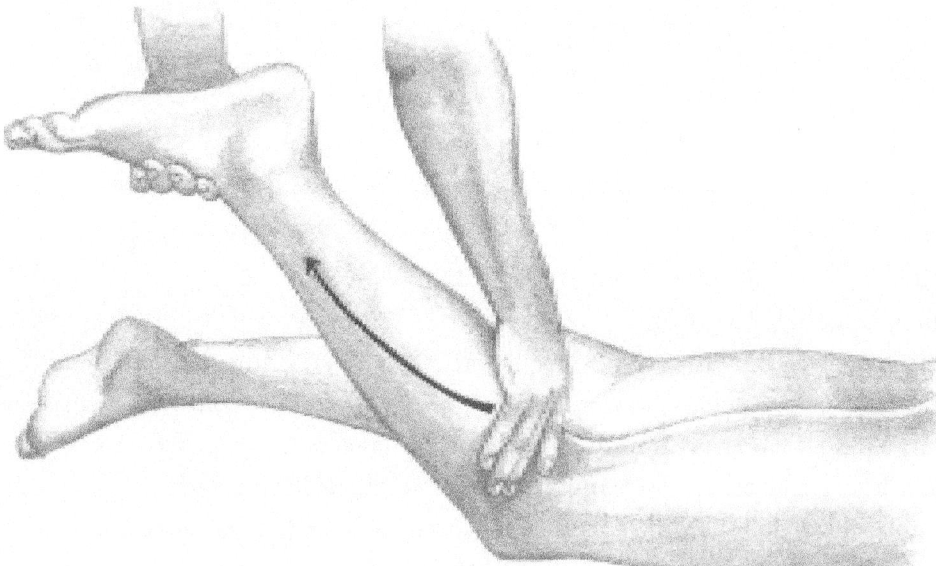

16

Então segure o tornozelo com a outra mão e esfregue a parte interna do músculo da barriga da perna da mesma forma.

Segure a ponta do pé com uma das mãos e aplique óleo na área do tornozelo com a outra. O marma gulpha localiza-se no osso do tornozelo. Esfregue suavemente com óleo os pontos centrais e laterais do gulpha (veja fig. 17).

17

Massagem dos Pés (só as solas)

Dizem que os pés contém pontos de reflexos de todos os órgãos e partes do corpo. Nos desenhos clássicos dos pés, essas energias estão representadas por símbolos (veja fig. 18). De acordo

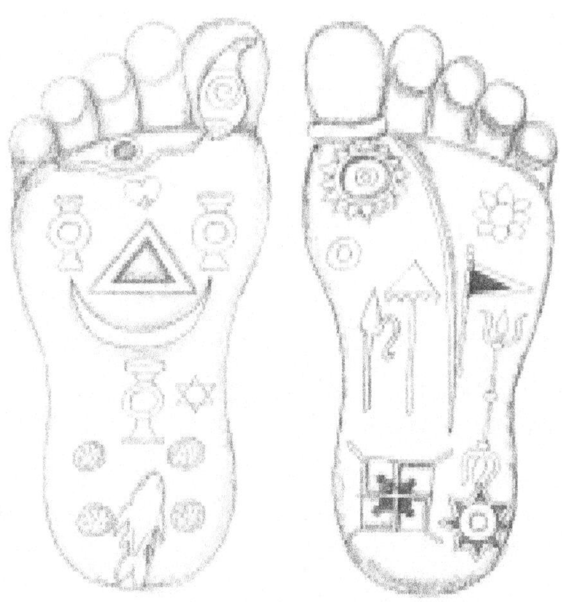

18

Versão tradicional de Vishnu Charan, o pé de Lord Vishnu

com as escrituras indianas, as doenças nem chegam perto das pessoas que massageiam as pernas e os pés, desde os joelhos até os artelhos, antes de dormir, assim como as cobras nem chegam perto das águias. Um médico que estudou esses pontos, durante uma visita à Índia, determinou a relação desses pontos com os órgãos internos; assim começou a reflexologia dos pés, como é conhecida no Ocidente. Quando as solas dos pés são massageadas e esfregadas com óleo ou cera de abelha* regularmente, a pessoa ficará relaxada e saudável.

Uma simples massagem com óleo nos pés evita as rachaduras e a descamação da pele em função da friagem. Elimina ou reduz infecções causadas por fungos e bactérias e também tranqüiliza uma mente agitada.

A massagem dos pés é importante, em parte, porque os pés contêm muitas articulações, ou sandhis. Podemos encontrar quinze sandhis em cada pé: dois no artelho maior, três nos outros artelhos menores e um no tornozelo. (A perna propriamente dita contém dois sandhis: a articulação do joelho e a do quadril). Existem nódulos linfáticos em cada articulação. A flexibilidade dessas articulações é essencial.

Para trabalhar nas solas dos pés aplique óleo nas palmas das mãos. Enquanto segura a parte da frente do pé, esfregue e comprima a sola, movendo as mãos para a frente e para trás (veja fig. 19). Não há necessidade de dar palmadinhas ou apertar essa região. Termine todos os toques de cima para baixo com uma puxada, comprimindo suavemente o arco do pé, empurrando o calcanhar e os artelhos uns em direção aos outros (veja fig. 20). Na sola de cada um dos pés

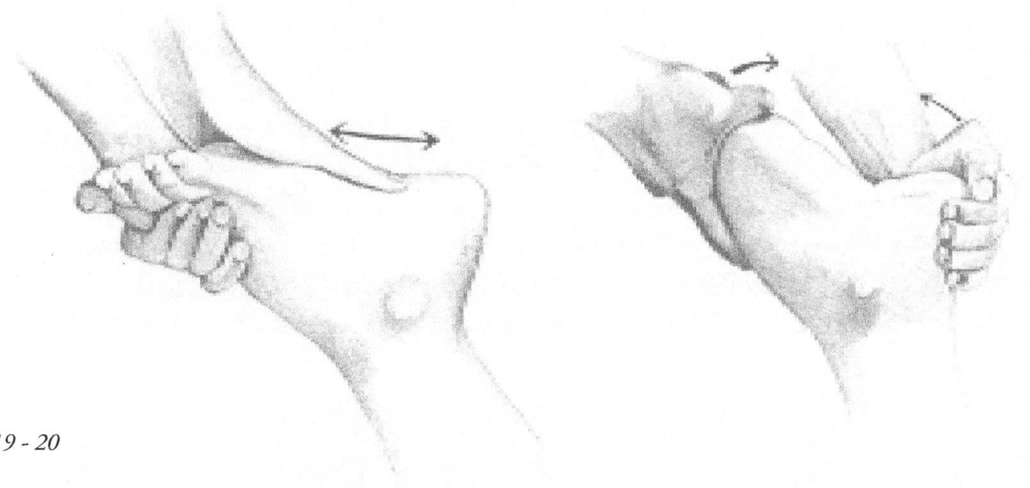

19 - 20

existem quatro marmas: kurchshira, tahlridaya, kuruchcha e kshipra. Esfregue esses marmas, usando uma pressão suave (veja figs. 21 e 22).

A massagem da parte inferior da perna e dos pés termina com três compressões na perna, dos joelhos até os artelhos. Sobreponha as mãos e use um movimento transversal, como a compressão da coxa mostrada na figura 12. A massagem geral da perna culmina com uma compressão simples na perna inteira, do alto da coxa até os artelhos.

Repita a massagem na perna oposta, começando com a coxa (veja página 61). Depois que as duas pernas foram massageadas, peça ao receptor que se vire, mantendo as pernas relaxadas e ligeiramente separadas.

* A cera de abelha não mancha os tecidos. Nas páginas 133-34 há uma receita para a sua preparação em casa. A cera de abelha ajuda a pele a manter a umidade da pele, evita as doenças da pele e fortalece os nervos. Para cobrir os pés ou o rosto só é preciso uma pequena quantidade.

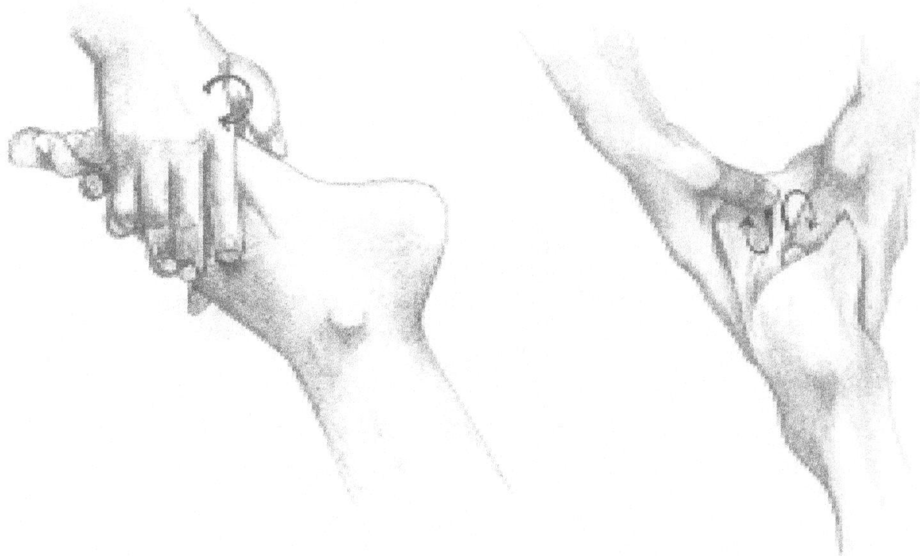

21 - 22

PARTE INFERIOR FRONTAL DO CORPO

Massagem da Parte Superior da Perna

Comece a massagem na lateral do corpo que corresponde à narina operante (veja página 55). Ajoelhe-se por cima das coxas do receptor, ou sente-se ao lado dele, se for mais confortável para você.

Dê palmadinhas leves na parte externa da coxa, depois na parte interna. Coloque as coxas entre as palmas das mãos e sacuda os músculos para frente e para trás como se fossem gelatina (veja fig. 23). Aplique óleo nas mãos e amasse os músculos externos das coxas por alguns minutos. A parte externa é o lado masculino ou elétrico do corpo; acumula mais tensão do que a parte interna. A masagem nessa área elimina primeiro a tensão muscular e o stress. A parte de dentro é o lado feminino ou magnético, que contém muitos nódulos linfáticos.

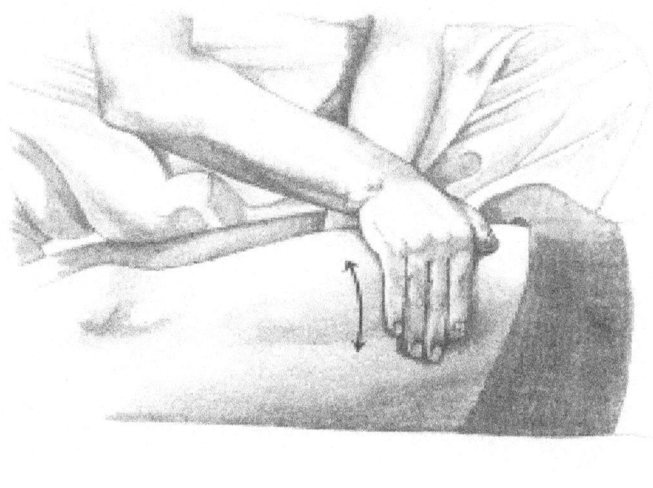

23

Usando os dedos médios, execute pequenos movimentos circulares nos dois marmas localizados perto da junção coxa/tronco: lohitaksha, situado no meio da coxa, e vitapam, localizado no início dos testículos nos homens e cerca de quatro dedos acima dos órgãos genitais nas mulheres (veja fig. 24). Tente sentir a pulsação antes de aplicar a pressão no marma.

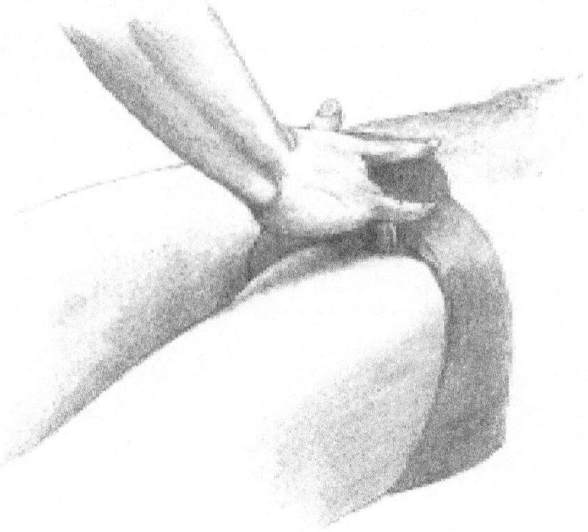

24

Esfregue e comprima os músculos da coxa externa com as palmas das mãos, executando vários movimentos elípticos extensos, da junção do quadril até o joelho. De vez em quando segure um conjunto de músculos entre os polegares e os dedos e comprima-os (veja fig. 25).

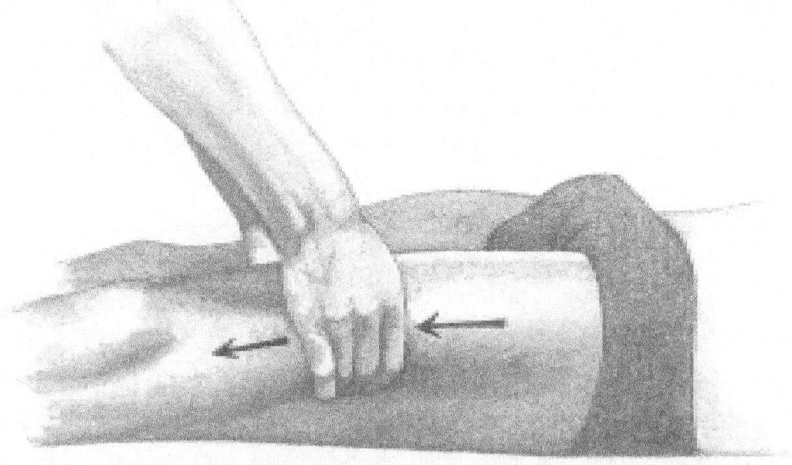

25

Sempre que for tirar as mãos do corpo, bata-as e sacuda-as para evitar que a tensão se acumule em seus dedos e pulsos. Continue a trabalhar na coxa externa até que o óleo tenha sido absorvido; os músculos devem ficar aquecidos, macios e flexíveis.

Logo acima e ligeiramente ao lado da dobra do joelho está o ani marma. Massageie-o com pequenos movimentos circulares, da mesma forma que os outros marmas.

Para massagear a coxa interna, comece dando palmadinhas leves no lado de dentro da coxa. Coloque as mãos em ambos os lados da coxa. Com uma mão descansando na coxa externa, sacuda os músculos da coxa interna com os dedos de sua outra mão (veja fig. 23). Passe óleo nas mãos e amasse os músculos da coxa interna por alguns minutos. Esfregue e comprima simultaneamente com seus dedos e com as palmas das mãos. (Neste caso, comprimir significa beliscar os músculos com os polegares e os dedos). No meio da coxa interna existe um marma conhecido como o urvi anterior (veja fig. 26). Massageie-o com pequenos movimentos circulares, como já fez antes com os outros marmas.

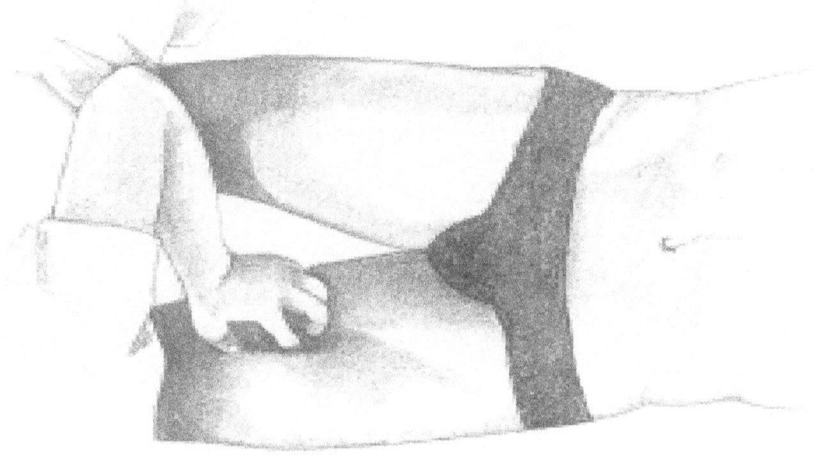

26

Depois de massagear as coxas interna e externa, comprima toda a perna superior. Para isso, peça ao receptor que dobre o joelho. Coloque os polegares perto da virilha, e deixe os dedos pousados sobre cada um dos lados das coxas (veja fig. 27). Comece movendo as mãos, uma em direção à outra, aplicando uma pressão suportável. Quando suas mãos se cruzarem na parte frontal da coxa, afaste-as novamente uma da outra. A cada cruzamento, vá descendo um pouco com as mãos, até chegar aos joelhos. Repita essa compressão da parte superior da perna por três vezes.

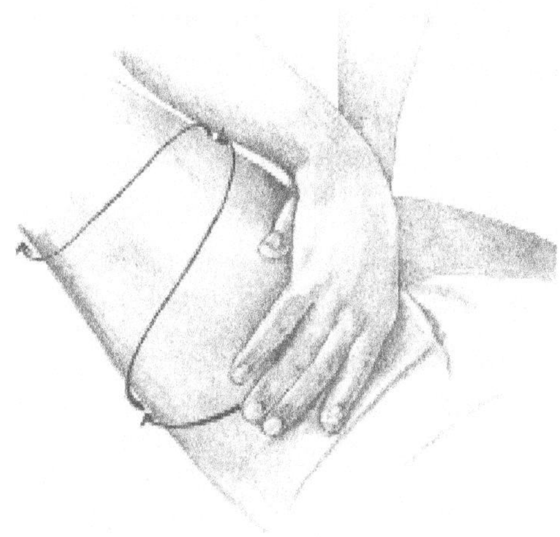

27

Massagem do Joelho

Apesar da área ser pequena, a massagem do joelho é um pouco complicada. De joelhos diante da perna a ser trabalhada, coloque uma mão por trás da barriga da perna do receptor e apoie o seu pé em sua coxa. Enquanto segura o músculo da barriga da perna com uma mão, faça movimentos suaves de rotação na rótula do joelho com a outra mão, numa direção horária (veja fig. 28).

Perto do joelho existem dois marmas: ani e janu. O ani anterior está localizado logo acima e ao lado da rótula, e o janu posterior está localizado atrás do joelho, no centro da dobra.

Com uma mão coloque o seu polegar no ani anterior e seu dedo médio no janu posterior. Coloque o polegar de sua mão oposta no janu anterior, localizado no lado interno do joelho

28

logo abaixo da rótula, e o dedo médio no janu posterior. Na posição final, seus dois dedos médios devem estar no mesmo ponto atrás do joelho (o janu posterior) e seus polegares pousados diagonalmente sobre o joelho, um no marma ani anterior e o outro no marma janu anterior (veja fig. 29). Massageie esses três pontos simultaneamente, em sentido horário, com a mão direita e no sentido anti-horário com a esquerda.

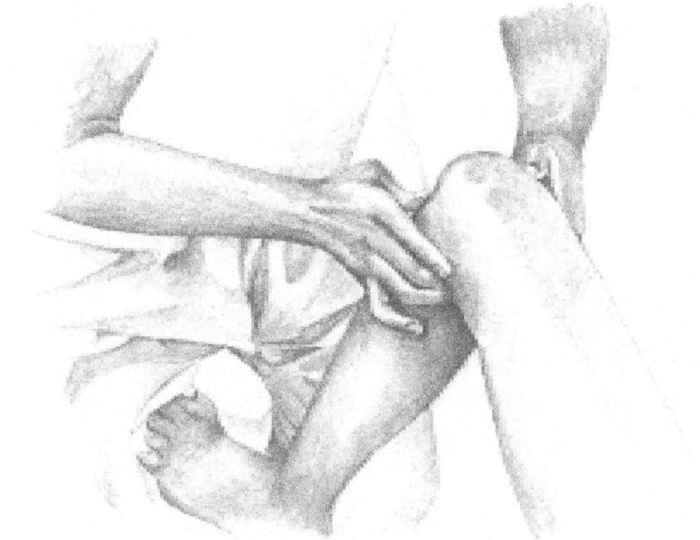

29

Enquanto continua a tocar esses pontos dos marmas, verifique se o pé do receptor está apoiado com segurança em sua coxa e não corre o risco de escorregar. Então pegue a parte superior da barriga da perna com os últimos três dedos das mãos, massageando suavemente toda a área do janu por trás do joelho com toques descendentes (veja fig. 30). Isso estimulará os numerosos nódulos linfáticos localizados atrás do joelho.

Para concluir a massagem dos joelhos, repita a posição mostrada na figura 29, e friccione novamente, com seus polegares, os dois marmas da parte da frente do joelhos.

30

Massagem da Barriga da Perna

Apesar da barriga da perna já ter sido massageada antes, nessa seqüência, ela normalmente contém muita tensão e poderá se beneficiar muito com a repetição do procedimento.

Mantenha a perna numa posição dobrada, com a sola do pé apoiada em sua coxa. Comece dando pequenas palmadas no músculo da barriga da perna, de cima para baixo, algumas vezes. Então, segurando a barriga da perna entre as palmas das mãos, sacuda-a para frente e para trás como uma gelatina, até que se torne macia e solta. Em seguida amasse os músculos do local com as palmas das mãos e os dedos, do joelho até o tornozelo (veja fig. 31). Uma vez terminada essa compressão, aplique óleo nas mãos e friccione a barriga da perna com as palmas das mãos

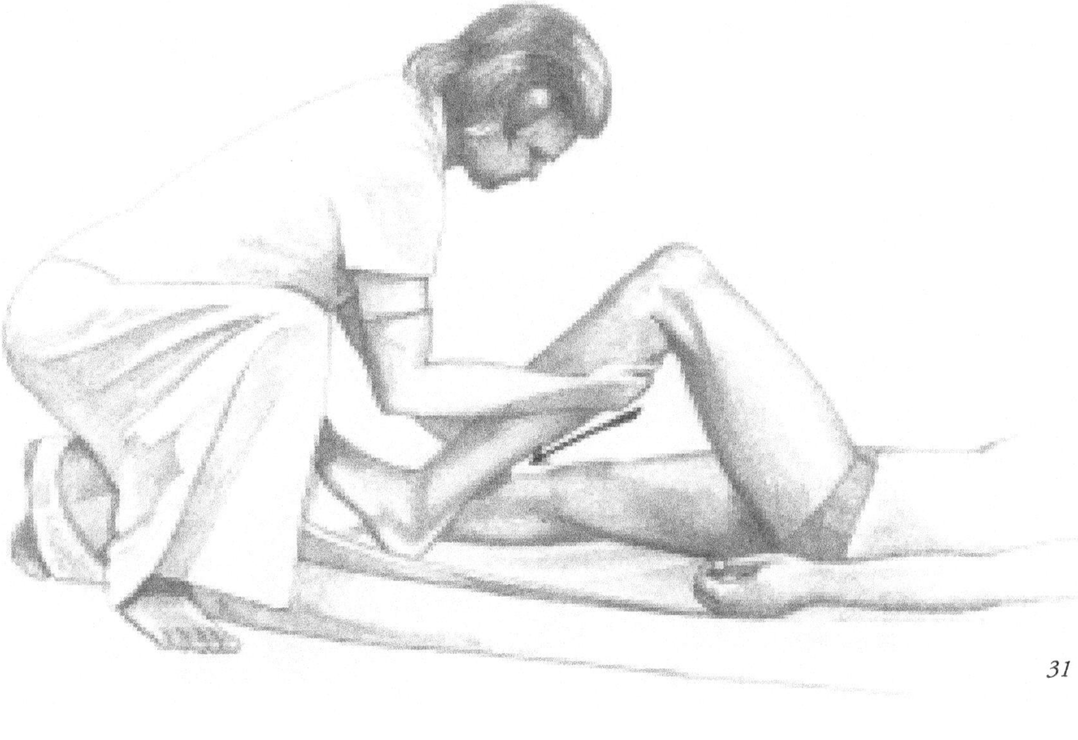

31

em concha. A pressão neste caso pode ser um pouco mais forte do que aquela usada nas coxas. Faça toques repetitivos, amplos, com as mãos em concha, dos joelhos até os tornozelos (veja fig. 32). Esses toques estimularão os vasos capilares e os nervos. Aumente a velocidade e a força gradativamente até que as palmas das mãos em concha produzam um estalo ao tocar os músculos da barriga da perna.

Localize o marma indravasti, situado no meio do músculo gastrocnemius, e friccione suavemente (veja fig. 33). Comprima também os pontos de pressão (não são marmas) que registrem a maior tensão, localizados em cada um dos lados dos músculos da barriga da perna.

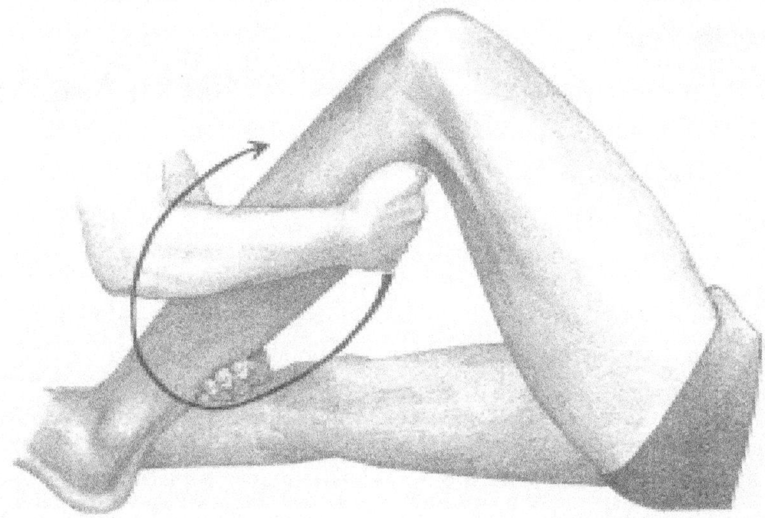

32

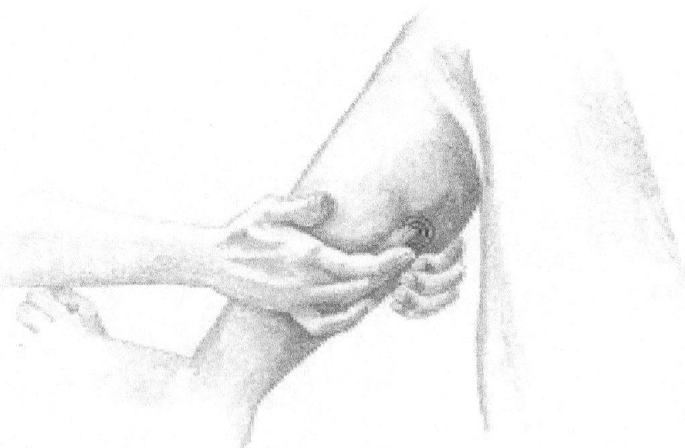

33

Complete a massagem da parte inferior da perna com um toque de compressão. Cruze os polegares logo abaixo da rótula do joelho, com os dedos pousados em cada um dos lados da barriga da perna. Movimente as mãos transversalmente, em cruz, comprimindo a parte inferior da perna, do joelho até o tornozelo (veja fig. 34). Repita três vezes.

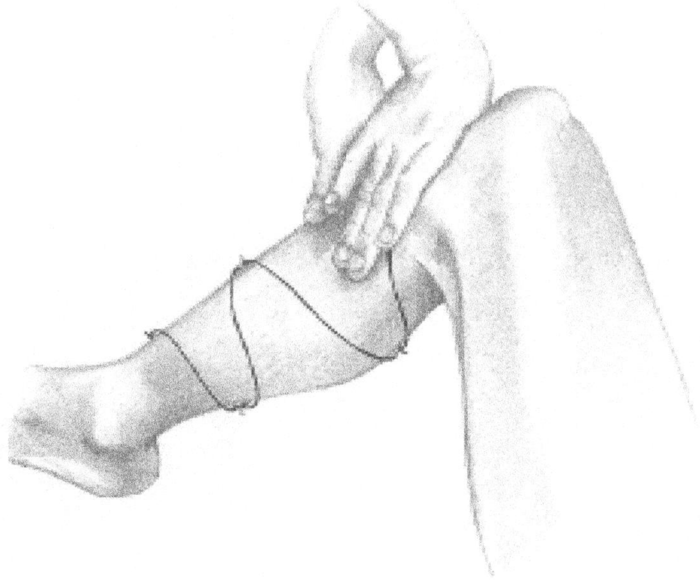

34

Massagem do Pé

Como o tornozelo é comparativamente uma área bem mais estreita, você só precisará usar seus dedos e polegares. Não há necessidade de dar palmadinhas, de sacudir ou de comprimir a região, pois ela contém poucos músculos. Enquanto segura a barriga da perna com a mão, você deverá mergulhar as pontas dos dedos da outra mão no óleo; usando o polegar, os dedos indicador e médio, friccione de cima para baixo criando uma cadeia de pequenos círculos (veja fig. 35). Então friccione a região ao redor do osso do tornozelo.

Localize os marmas kurchira e gulpha no calcanhar e na articulação externa do tornozelo, respectivamente (veja fig. 36) e friccione-os com movimentos circulares, da mesma forma que os outros marmas. A aplicação de pressão simultaneamente nos aspectos lateral e medial do marma gulpha pode trazer alívio às dores da ciática.

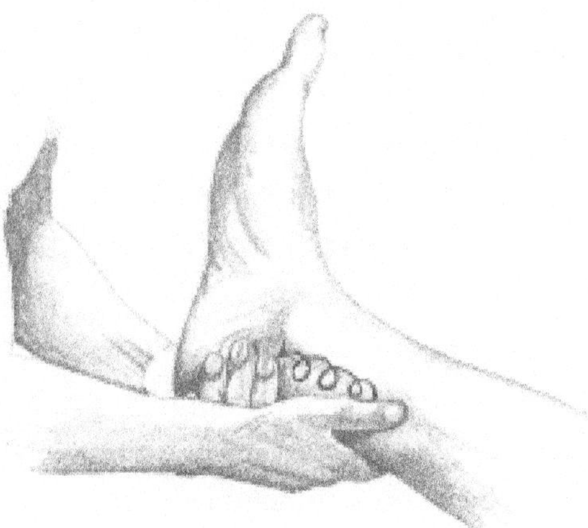

35

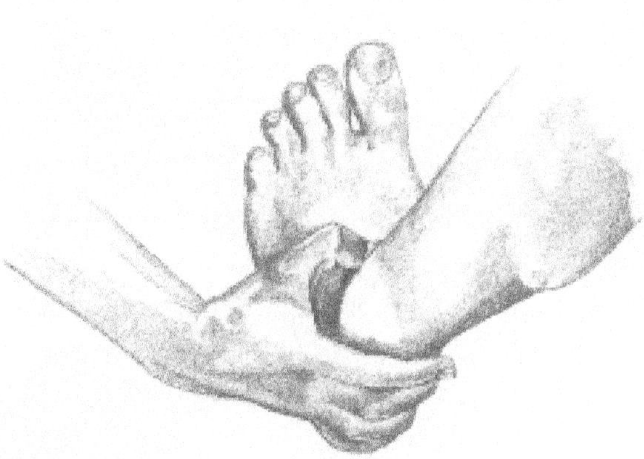

36

Com uma das mãos segurando o pé, acima do calcanhar, envolva sua outra mão ao redor dos artelhos. Primeiro estique e dobre delicadamente o pé em todas as direções para soltá-lo. Depois, sempre segurando o calcanhar, pegue os artelhos e gire a ponta do pé (veja fig. 37). (O pé esquerdo deve girar em sentido horário e o pé direito em sentido anti-horário).

Quando o pé relaxar, bloqueie o marma gulpha médio (calcanhar interno) com o polegar, e ao mesmo tempo faça pressão no marma kurchshira lateral com seu dedo médio (veja fig. 38).

37

38

Mergulhe os dedos da sua outra mão em óleo e vá comprimindo com firmeza a parte externa do pé em direção aos artelhos. Repita esses passos, só que desta vez bloqueie o marma kurchschira médio com o polegar e ao mesmo tempo faça pressão no marma gulpha lateral com seu dedo médio. Novamente, com os dedos untados da sua outra mão, vá comprimindo a extensão lateral do pé em direção aos artelhos.

Depois que os dois marmas foram bloqueados no meio, o processo deve se inverter e eles deverão ser bloqueados lateralmente. Bloqueie o marma gulpha lateral (calcanhar externo) com o polegar e ao mesmo tempo comprima o marma kurchshira médio com seu dedo médio. Mergulhe os dedos da outra mão no óleo e vá comprimindo com firmeza a extensão do meio do pé, em direção aos artelhos.

Para começar a trabalhar nos artelhos, bloqueie o marma lateral kurchshira com o polegar de sua mão oposta. Continue bloqueando esse marma enquanto você trabalha com o artelho maior e o segundo artelho do pé. Coloque o polegar entre as articulações do artelho maior e do segundo artelho, e friccione no sentido horário (veja fig. 39). Comprima e friccione a primeira articulação do segundo artelho de ambos os lados (veja fig. 40). (A localização dessa articulação é mostrada como I, na figura 40). Então segure a articulação com o polegar e o dedo indicador e gire delicadamente. Gire as outras duas articulações, seguindo em direção à ponta do artelho. (A localização dessas articulações está indicada como II e III na figura 40). Agora solte a kurchshira lateral e bloqueie a kurchshira média, ao mesmo tempo em que gira delicadamente as articulações nos três artelhos remanescentes. Solte o marma, e, segurando o segundo artelho entre o polegar e o dedo indicador, puxe-o em sua direção (veja fig. 41). Permita que o artelho

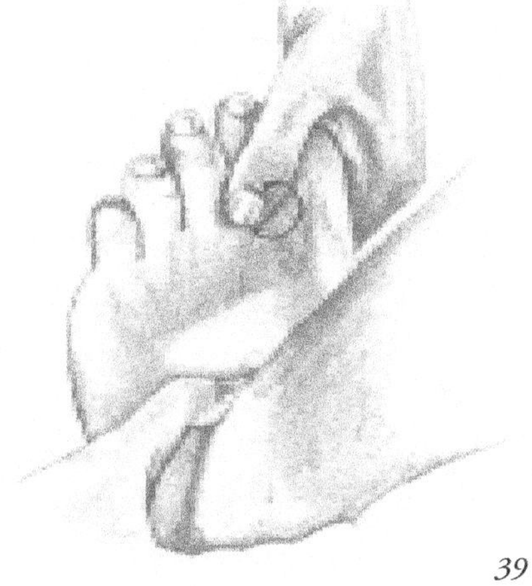

39

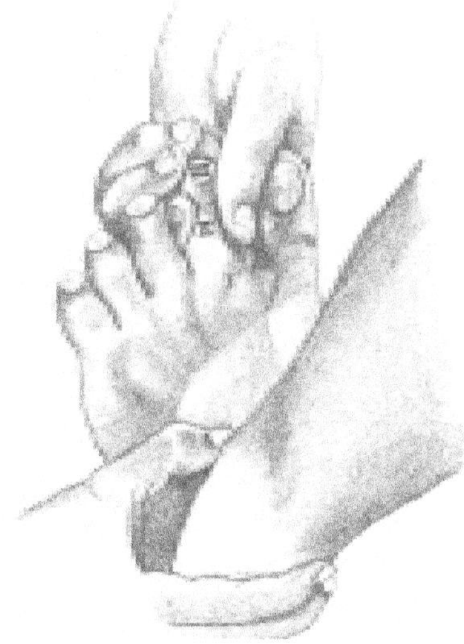

40

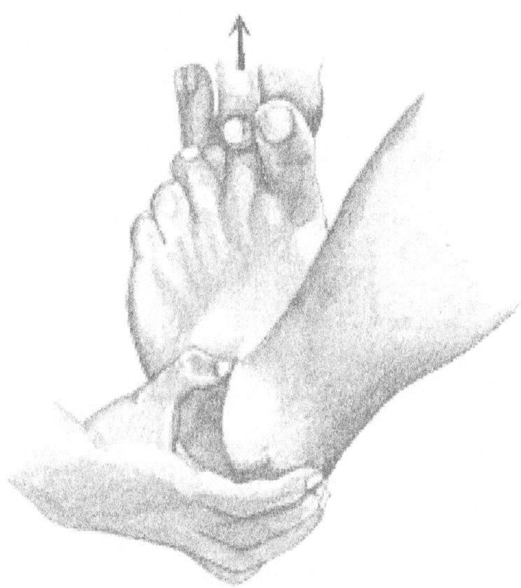

41

estale à medida em que vai sendo puxado, e comprima-o ligeiramente por um instante antes de soltá-lo. Repita esse tratamento nos três artelhos remanescentes.

O artelho maior possui somente duas articulações. Para massagear essas articulações, use as mãos que estavam bloqueando os marmas como apoio sob a parte externa do pé. Coloque o polegar e o dedo indicador da mão que está livre em cada um dos dois lados da primeira articulação, comprima e gire. Repita na segunda articulação. Aplique a pressão na segunda articulação e puxe o artelho maior, permitindo que estale. Tente novamente e puxe todos os artelhos que não estalaram da primeira vez. Finalmente, segure todos os artelhos firmemente , comprimindo e esticando-os ao mesmo tempo.

Quando terminar, pingue uma gota de óleo em cada unha do pé (veja fig. 42). Isso evita que as unhas quebrem e fiquem duras, e torna-as bonitas e com brilho.

Termine a massagem da perna batendo as palmas das mãos, para recarregá-las. Volte à articulação do tronco/quadril e comprima a perna toda, usando movimentos entrecruzados, até alcançar os artelhos (veja figs. 27, 34 e 43). Repita essa compressão da perna por três vezes.

42

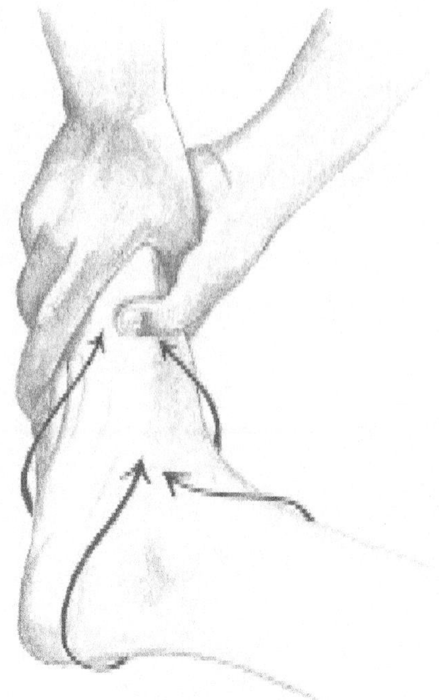

43

Volte à seção intitulada Massagem da Parte Superior da Perna (página 61) e repita todos os passos na perna oposta. Depois de fazer a massagem nas das duas pernas, continue a massagem das costas como descrita a seguir.

As Costas

Em cada um dos lados da espinha existe um gânglio simpático, a central de distribuição mais importante dos impulsos nervosos do sistema nervoso simpático. A massagem nessa área ajuda a colocação da espinha no alinhamento correto e fortalece o sistema nervoso. Também melhora a circulação do fluido cerebroespinhal e aumenta a descarga de neurônios. Enquanto a massagem da perna trabalha basicamente o sistema linfático, a massagem da espinha é relacionada com o sistema nervoso autônomo (simpático e parassimpático).

De acordo com o antigo sistema do Tantra, o organismo humano possui sete centros sutis de consciência, ou chakras, cinco deles ao longo da espinha. Esses cinco chakras trabalham com os elementos básicos – Terra, Água, Fogo, Ar e Akasha – que são os elementos construtivos do mundo externo feito de nomes e formas. O organismo humano inteiro é uma interação desses cinco elementos. Os chakras não podem ser massageados diretamente porque são parte do corpo sutil (não físico), ligados aos órgãos do corpo físico (através do sistema nervoso e glândulas endócrinas), mas são sujeitos a serem afetados pela massagem.

A espinha abriga uma rede de nervos sutis chamados nadis, que se conectam às vísceras e aos órgãos dos sentidos desses centros psíquicos.

1. A base da espinha se alinha com o primeiro chakra.
2. O local mais baixo da fossa ilíaca (a ASIS) alinha-se com o segundo chakra.
3. A parte inferior da caixa torácica alinha-se com o terceiro chakra.

4. A parte inferior das omoplatas alinha-se com o quarto chakra.
5. A parte inferior da clavícula alinha-se com o quinto chakra.

Para estimular os cinco centros psíquicos descritos anteriormente, peça ao receptor que vire-se e deite-se de barriga para baixo, com os braços dobrados sob a testa. Coloque os seus joelhos, cada um de um lado, ao lado das coxas do receptor. Isso lhe proporcionará o acesso à parte de trás do corpo, desde o osso sacro até o cerebelo. Mova os seus dedos numa linha reta, ponto a ponto, ao longo da espinha. Friccione cada um desses pontos com o polegar, num movimento circular, partindo do osso sacro para cima.

Massagem das Costas

Agora continuaremos com o resto da massagem nas costas. Peça ao receptor que respire profunda e lentamente, segurando o ar o máximo que conseguir, sem desconforto. As duas áreas das costas que muitas vezes estão tensas e precisando de atenção são a cintura e a área dos ombros. Durante a massagem das costas, seus polegares trabalharão nos dois lados da espinha enquanto as palmas das mãos e os dedos trabalharão no resto da área das costas (veja fig. 44).

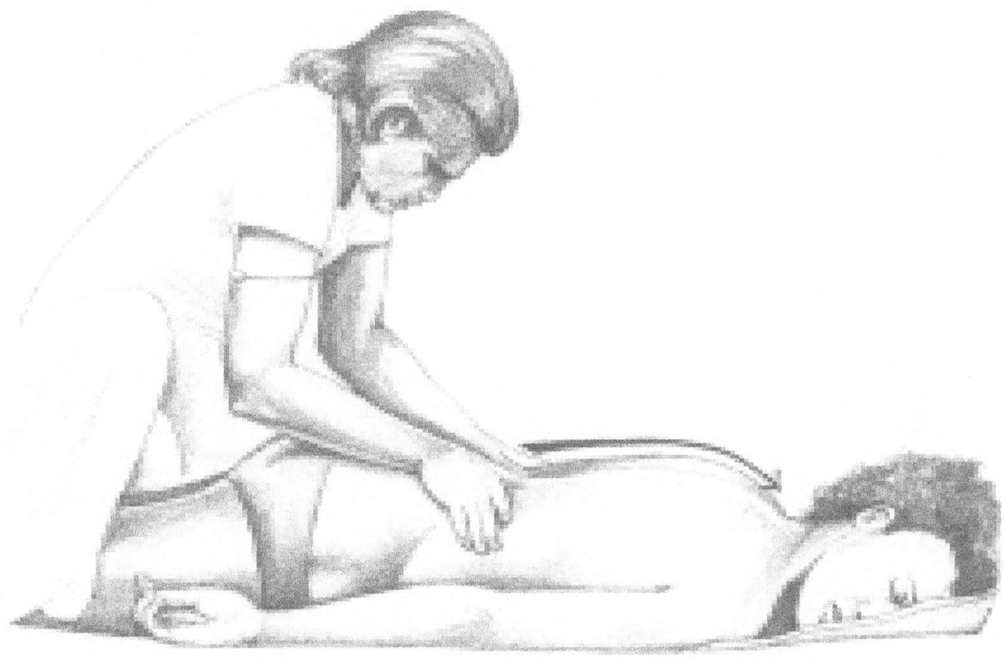

44

Os movimentos são sempre feitos em direção à cabeça. Deverão ser feitos movimentos extras de compressão e de amassamento nas áreas particularmente doloridas; geralmente isso poderá ser realizado até que a dor se dissipe. Lembre-se de bater as palmas das mãos sempre que retirá-las do corpo do receptor, para recarregá-las.

Comece a massagem das costas dando palmadinhas na área do osso caudal. Prenda os polegares na ponta do osso. Friccione e faça pressão na direção do sacro. Na região da cintura, comece novamente a dar palmadinhas com as mãos em concha (veja fig. 45). Segurando os músculos da parte baixa da cintura, sacuda-os e depois amasse-os (veja fig. 46), primeiro em um lado e depois no outro.

Aplique óleo nas mãos e espalhe-o, com um movimento circular, em ambos os lados da cintura simultaneamente, usando uma pressão suportável (veja fig. 47). Localize os marmas

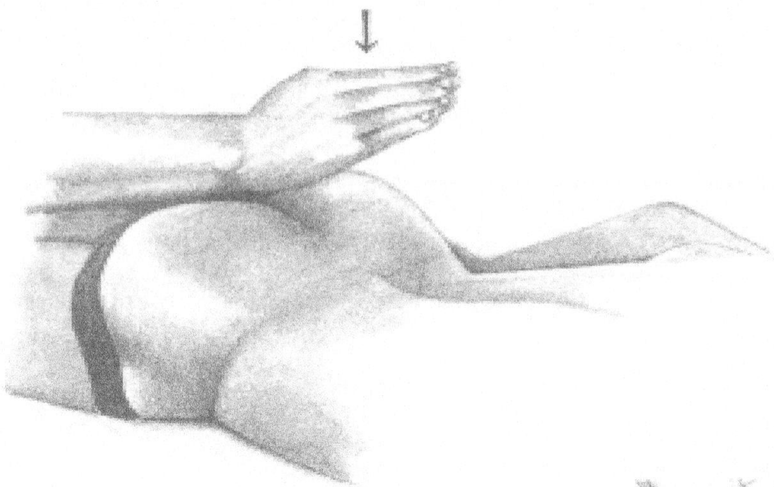

45

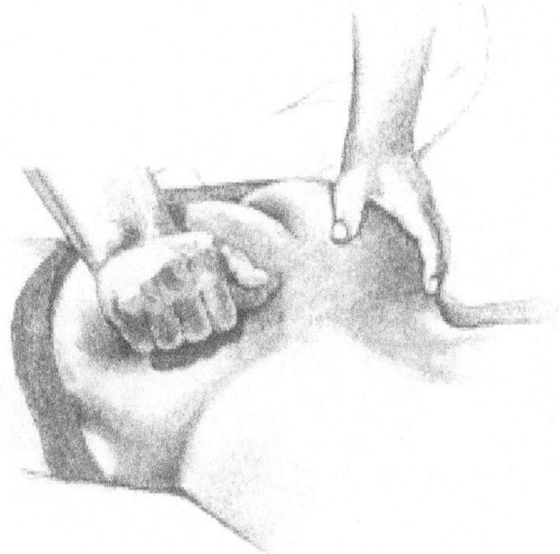

46

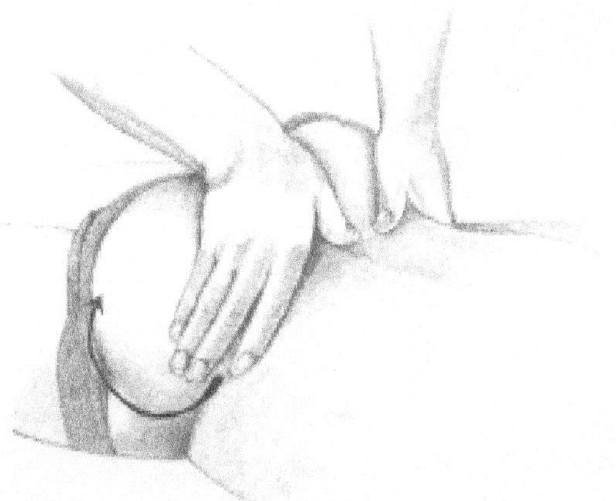

47

kukundaraya, em cada uma das articulações sacroilíacas, seis dedos acima da ponta do cóccix. Segure os marmas kukundaraya com os polegares, enquanto massageia os marmas katika tarunam na caixa pélvica; solte os polegares e friccione os marmas parshva sandhi com seus dedos médios (veja fig. 48). Os marmas parshva sandhi estão quatro dedos acima dos marmas katika tarunam.

Mova as mãos espinha acima, até os marmas vrihati localizados em cada um dos lados da 10ª vértebra torácica. Friccione esse marma, depois suba e friccione circularmente em direção à parte externa de cada uma das omoplatas (veja fig. 49). Conclua a massagem dos ombros com uma longa compressão (veja fig. 50).

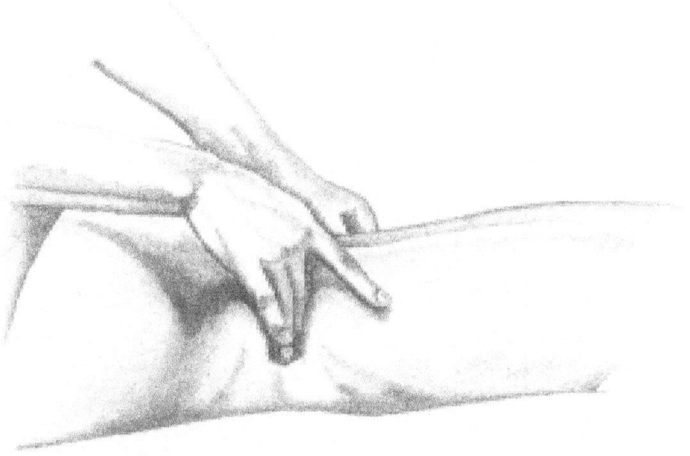

48

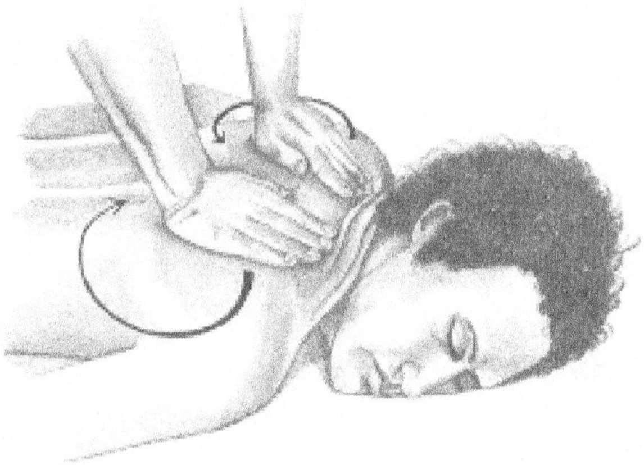

49

50

Localize os seis marmas na região do pescoço – os dois krikatikas e os quatro siramatrikas. Comece friccionando os dois marmas krikatikas com os polegares. Estes marmas estão localizados no ponto em que a espinha se junta ao crânio. Depois friccione os quatro marmas siramatrika posteriores, localizados em ambos os lados do pescoço. Depois de friccionar delicadamente esses marmas, você e o receptor devem relaxar um pouco. (Como é mais fácil visualizar esses marmas numa ilustração em que o receptor está sentado, por favor veja as figuras 85 e 86 para a sua localização).

A massagem das costas termina com algumas rápidas fricções pelas costas acima, com os polegares fixos em cada um dos lados da espinha (veja fig. 44). Então, movendo as mãos da linha da cintura até o crânio, levante a pele dos dois lados da espinha com os polegares e os dedos indicadores (veja fig. 51), repetindo por três vezes. A pele de uma pessoa saudável se desprende facilmente. Massageie um pouco mais as áreas em que ela não puder ser levantada facilmente. O fato da pele ficar colada mostra que o órgão interno relacionado com essa parte da espinha não está funcionando bem.

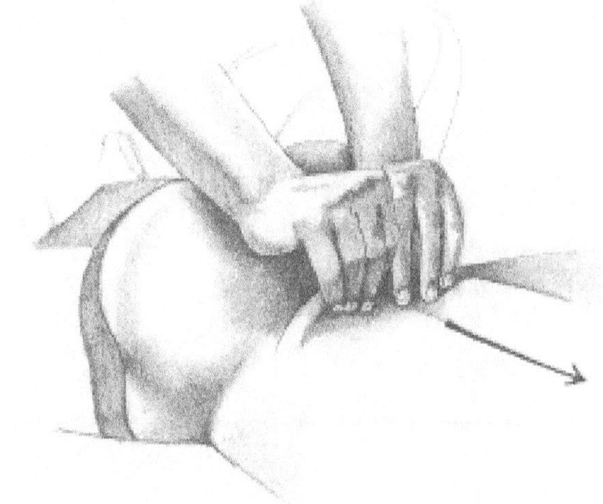

51

PARTE FRONTAL DO CORPO

A Área Abdominal

Essa seção da massagem do corpo inteiro se inicia no umbigo, o centro de gravidade e preservação do corpo. De acordo com o Tantra e a Ayurveda o umbigo é considerado um local importante no corpo. Setenta e dois mil nervos sutis, ou nadis, convergem a essa área. Através do umbigo o bebê fica ligado ao corpo de sua mãe antes do nascimento. Todos os fluídos vitais fluem do corpo da mãe ao da criança através desse canal. A energia prânica também flui por ele, pois as narinas externas do bebê no útero ficam tampadas e inativas.

Para preparar o receptor para a massagem abdominal, peça-lhe que vire o corpo e deite-se numa posição supina, os braços e pés esticados e relaxados. Para verificar a pulsação, pressione as pontas dos três dedos médios profundamente no meio do abdômem (veja fig. 52). A pulsação sentida é a do marma nabhi. Numa pessoa saudável, essa pulsação será sentida com força sob o dedo médio. Caso a pulsação não seja sentida, peça ao receptor que relaxe um pouco;

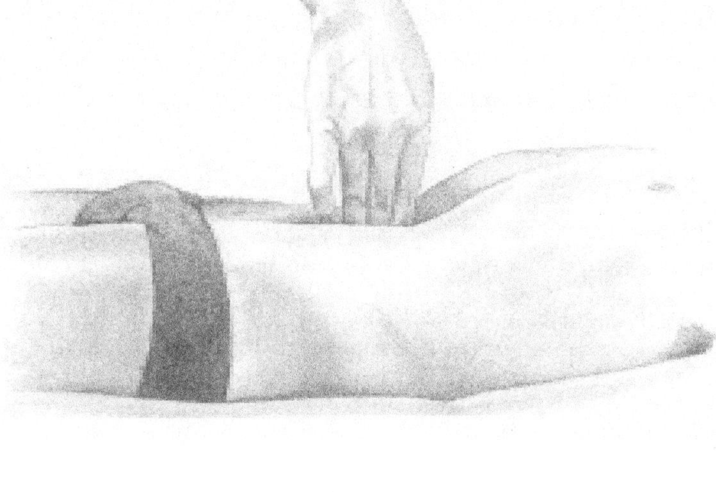

52

solte os seus dedos e tente novamente. Se pela segunda vez você não conseguir sentir a pulsação, em qualquer um dos dedos, com certeza o receptor sofre de problemas intestinais. Essa condição reflete um deslocamento do marma nabhi, o que pode ocorrer em função de algum esforço realizado ao levantar pesos, empurrar ou puxar objetos pesados, ou através de exercícios de corrida e de "cooper".

Pingue o óleo das pontas de seus dedos no umbigo até não caber mais na cavidade* e espalhe-o usando pequenos movimentos no sentido horário (veja fig. 53). Esse toque estimulará os numerosos nódulos linfáticos localizados nessa área, e ajudará a circulação dos fluidos digestivos.

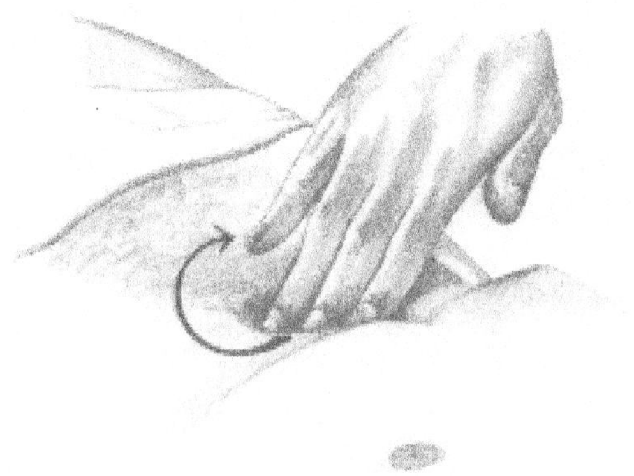

53

O Tórax

Pressione delicadamente os três dedos médios de ambas as mãos diretamente sob o osso do peito (a protuberância xifóide) e depois mova as mãos em direção ao lado externo da caixa torácica (veja fig. 54). Do lado direito do receptor localiza-se o fígado, e do esquerdo o estômago. A dor em algum dos dois lados indica um problema em um desses dois órgãos. Massageie essas áreas sensíveis cuidadosamente, com uma pressão suave, suportável.

Movendo as mãos para cima, localize um marma importante chamado hridayam, na parte de cima da protuberância xifóide (veja fig. 55). Usando os polegares, friccione e comprima esse marma com pequenos movimentos circulares. A compressão desse ponto traz alívio a pessoas que sofrem de depressão. Continue a fazer esses pequenos movimentos circulares com as pontas dos dedos das mãos ao longo das arestas do osso do peito, em ida e volta, do hridayam à clavícula.

Aplique óleo nas mãos e, usando os três dedos médios, mova as mãos em semicírculos, do osso do peito em direção aos lados (veja fig. 56). Enquanto fricciona e comprime os músculos, levante-os e aperte-os também. Isso ajudará a estimular os nervos finos e os vasos capilares sanguíneos, assim como a fortalecer os músculos e a pele.

* Há uma crença popular na Índia a respeito da forma do umbigo. Os deuses na iconografia indiana aparecem sempre representados com umbigos bem profundos. Considera-se que o umbigo profundo concede ao seu portadora gentileza e as boas qualidades. As pessoas que possuem umbigos profundos comem, dormem e falam menos do que aquelas que têm umbigos de profundidade normal. O umbigo protoberante, de acordo com o folclore, é demoníaco e indica uma pessoa eternamente insatisfeita.

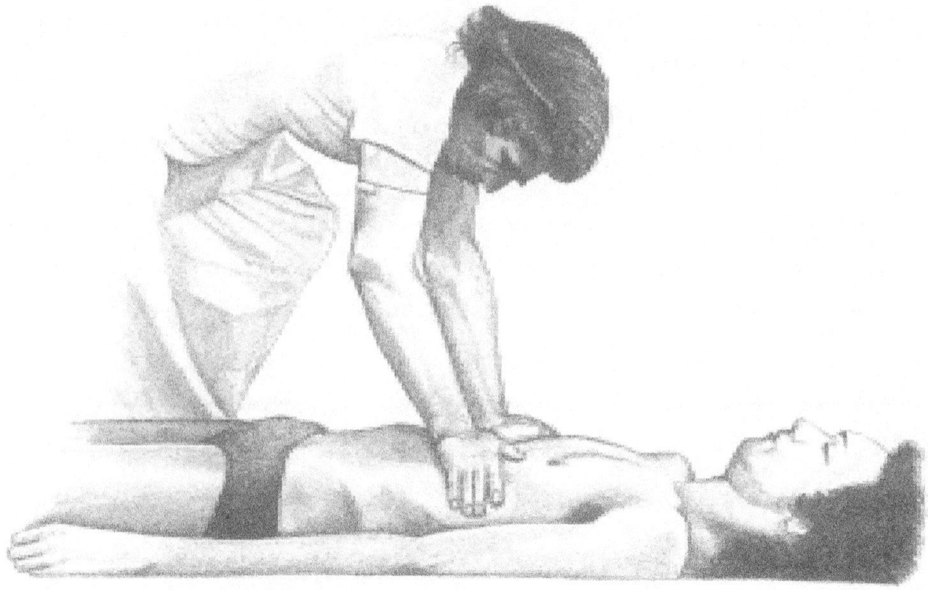

54

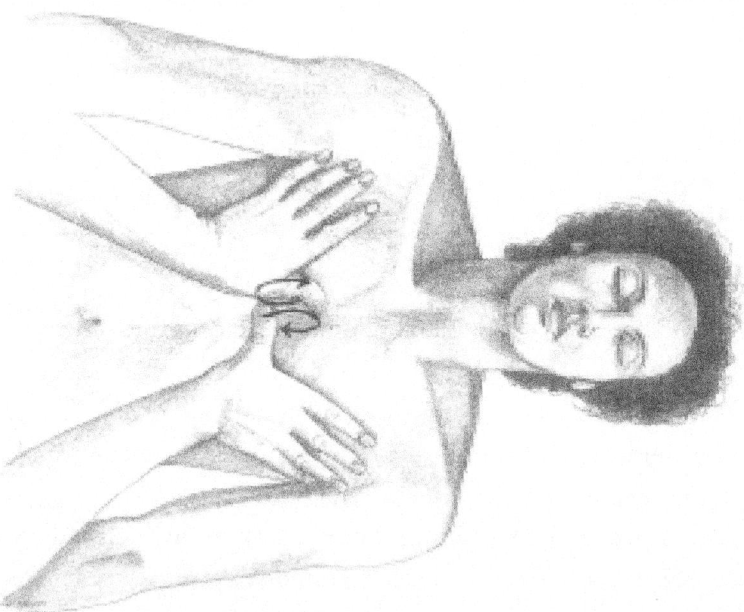

55

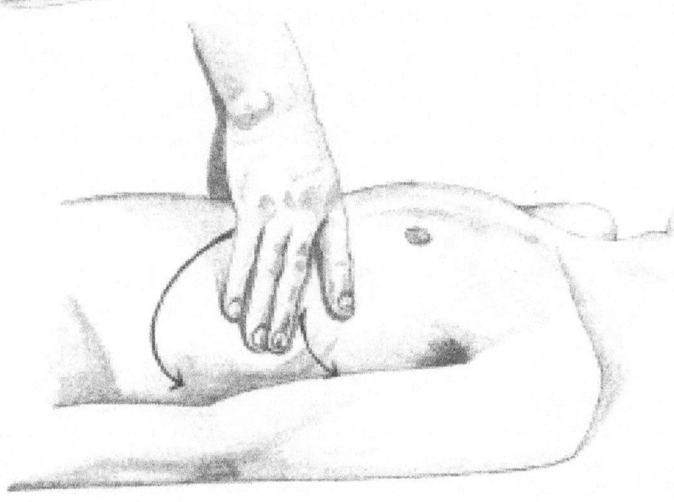

56

Para massagear os seios, coloque os dedos das mãos na parte externa da caixa torácica, logo abaixo dos seios. Faça movimentos em espiral, enquanto fricciona e comprime delicadamente os músculos ao redor dos bicos, de todos os lados (veja fig. 57). Continue a fazer os movimentos em espiral até que os dedos alcancem os bicos. Repita esse procedimento algumas vezes, para produzir calor e melhorar a circulação. Esse toque ajuda a dar uma forma adequada aos seios.

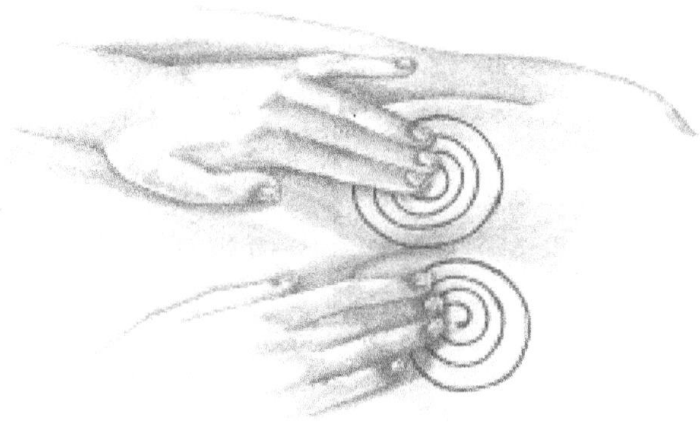

57

Para concluir a massagem do peito, ou tórax, segure cada um dos bicos dos seios entre o seu dedo indicador e o polegar e puxe-o delicada e suavemente, mas com força suficiente para estimular os finos vasos capilares do sistema nervoso e vascular. Essa puxada também melhora a circulação do fluido linfático, pois existe toda uma rede de nódulos linfáticos ao redor dos bicos. Os homens que massageiam as mulheres (e vice-versa) devem esquivar-se da área dos seios.

A Clavícula e os Braços

Peça ao receptor que se sente numa posição confortável, de pernas cruzadas, à sua frente. Localize o marma ansa na frente e atrás dos ombros. Friccione a parte frontal e traseira do marma com ambas as mãos ao mesmo tempo (veja fig. 58). Então escolha um dos lados do corpo e proceda como indicamos a seguir.

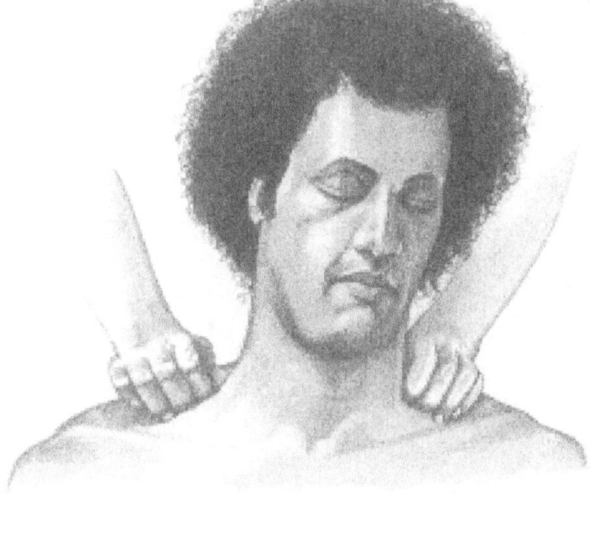

58

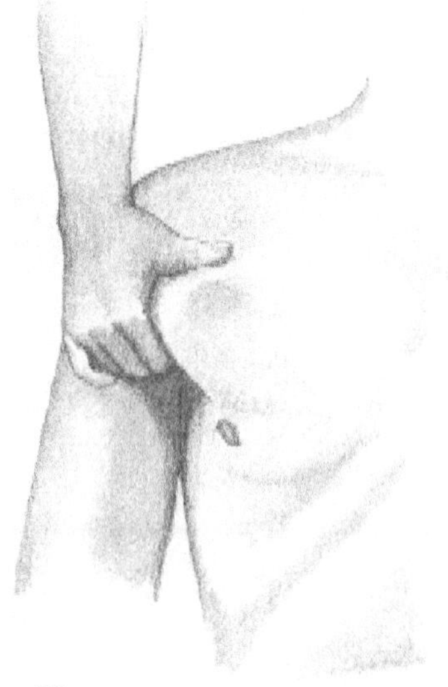

59

Localize os dois importantes marmas na área sob o braço, os marmas lohitaksha e apalapa. O lohitaksha se encontra na parte frontal debaixo do braço (veja fig. 59). Pressão demais nesse ponto pode deixar o braço inteiro temporariamente fraco ou entorpecido. No entanto, a compressão delicada, suficiente para sentir a pulsação no local, fortalece o vigor locomotivo do braço. O apalapa, localizado debaixo do braço, onde este se liga ao tronco, é uma importante junção de nervos, vasos sanguíneos capilares, e nódulos linfáticos. O marma apalapa também é um ponto sensível, e muitas pessoas sentem cócegas nesse local. A massagem nele promove a coragem e uma resistência interna que ajuda a pessoa a encarar os obstáculos apresentados pelo mundo exterior.

As Omoplatas

Sentado ao lado do receptor, peça-lhe que relaxe o braço fazendo movimentos lentos e suaves com ele, como os que se vê nas danças indianas. Ajude-o a dobrar o braço por trás do tronco, com a palma da mão para fora (veja fig. 60). Essa posição deixa a omoplata proeminente e acessível. Dê palmadinhas em todas as arestas das omoplatas para provocar o relaxamento e ajudar a energia fluir.

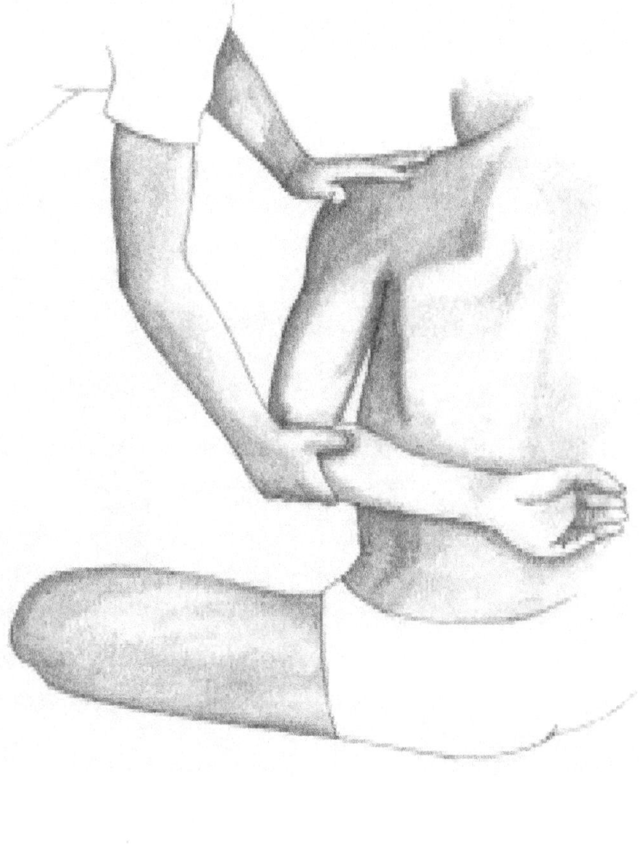

60

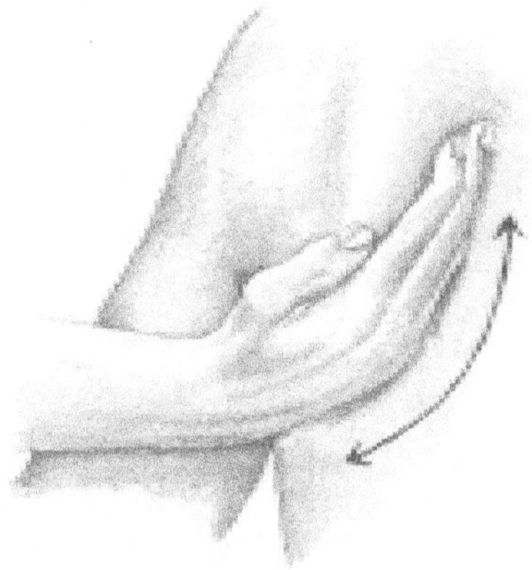

61

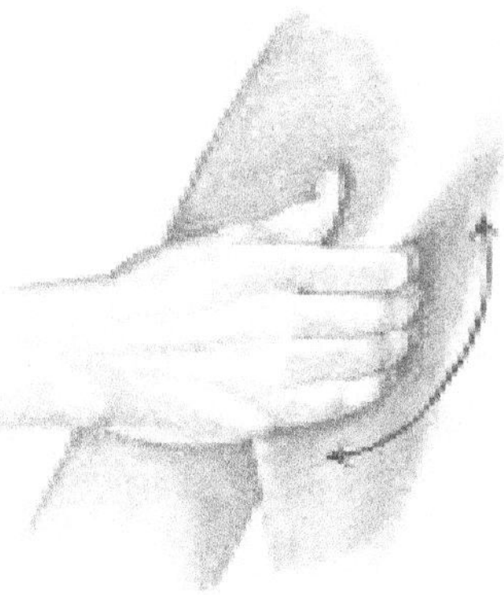

62

Aplique óleo nas mãos e friccione suavemente a aresta óssea da omoplata com a aresta da palma da sua mão (veja fig. 61). Friccione a parte plana das omoplatas com os seus dedos.

O marma ansa phalak está localizado na parte traseira superior, no meio da omoplata, a seis dedos da espinha. Para apalpar o ansa phalak, faça um movimento circular com seus dedos por baixo da omoplata protuberante (veja fig. 62). Geralmente o ponto é doloroso ao toque. Depois de friccionar esse ponto nos dois lados, para eliminar a tensão e a dor, vá adiante, para encontrar os marmas da área do pescoço. Friccione novamente os dois marmas krikatika e os quatro marmas siramatrika posteriores; friccione também os dois marmas vidhuram da mesma forma. Movendo as mãos para baixo novamente, do pescoço às costas, massageie as omoplatas com as palmas das mãos e os dedos, usando um movimento ascendente.

Agora mude a sua posição, de modo a sentar-se de frente para o receptor. Coloque o pulso do receptor em seu ombro. Depois de uma pausa para fazer algumas respirações profundas, aplique óleo em suas mãos. Comprima o centro das axilas para localizar o marma kakshadhara. Mantenha a posição até sentir a pulsação da artéria carótida; então faça pequenos movimentos circulares concêntricos, massageando a área com pressão moderada. Apesar de já massageado previamente, esse ponto abriga um importante nódulo linfático que merece ser trabalhado novamente.

O Antebraço

Fique de pé, e inicie essa parte da massagem de corpo inteiro dando palmadinhas e comprimindo os músculos do antebraço. Depois da compressão, amasse os músculos um pouco; depois aplique óleo em suas mãos e massageie o antebraço. Localize o marma kakshadhara, situado na axila, quatro dedos abaixo da articulação do ombro (veja fig. 63). Essa área pode ser dolorosa ao toque; massageie-a fazendo pequenos círculos , em sentido horário, para liberar a tensão. Distante oito dedos do marma kakshadhara, descendo ao longo do braço, está o marma urvi (veja fig. 64), e quatro

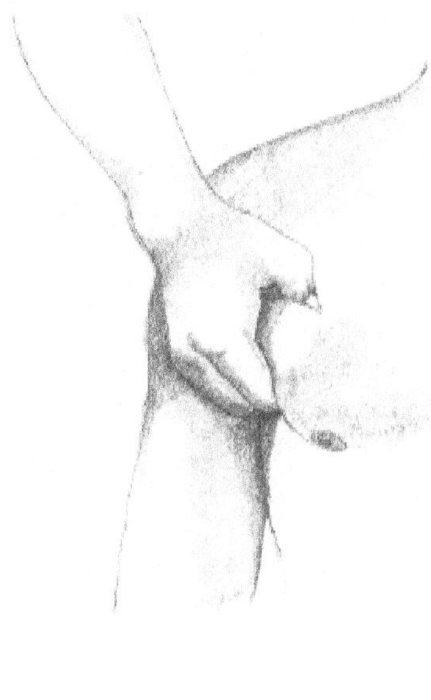

63

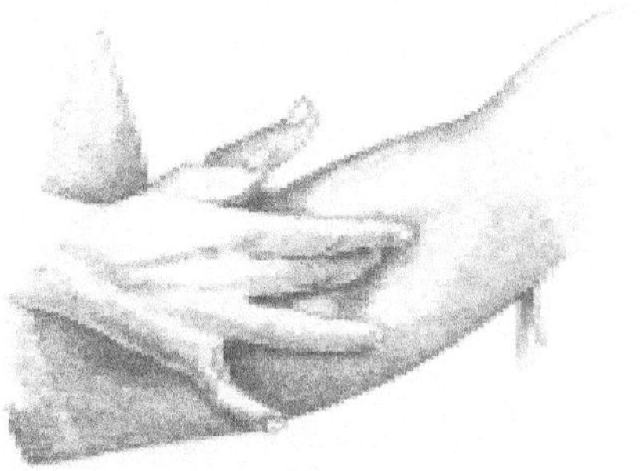

64

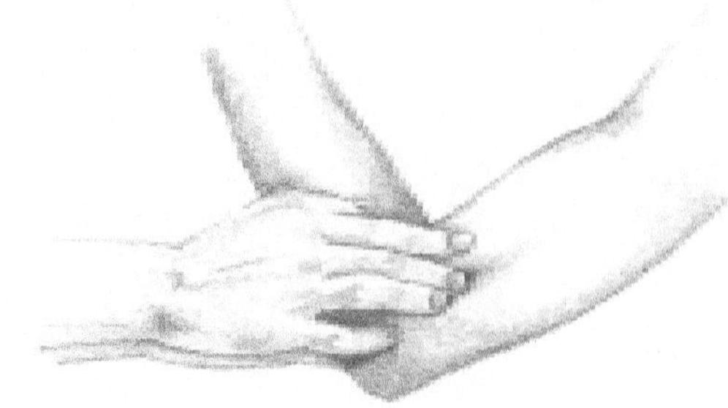

65

dedos abaixo dele está o marma ani (veja fig. 65). Massageie-os em seqüência, de cima para baixo, da mesma forma que os outros marmas, esfregando no sentido horário com a mão direita e no sentido anti-horário com a esquerda.

Coloque os polegares no lado externo do antebraço, na articulação do ombro, com os dedos no lado interno do braço. Faça a massagem em sentido descendente, com as mãos, num só toque longo, cruzando-as nos cotovelos (veja fig. 66). Repita esse toque rapidamente várias vezes, alternando a posição inicial de suas mãos na articulação do ombro.

Para concluir a massagem do antebraço, comprima o marma conhecido como kurpara, situado nas cavidades do cotovelo. Coloque os dedos em ambos os lados da articulação (veja fig. 67). Bloqueie o kurpara lateral e ao mesmo tempo friccione o kurpara médio com o seu dedo médio. Então inverta: friccione o kurpara lateral e ao mesmo tempo bloqueie o kurpara médio.

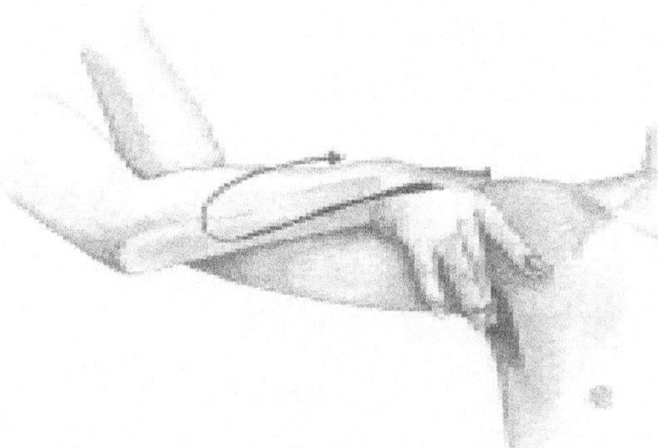

66

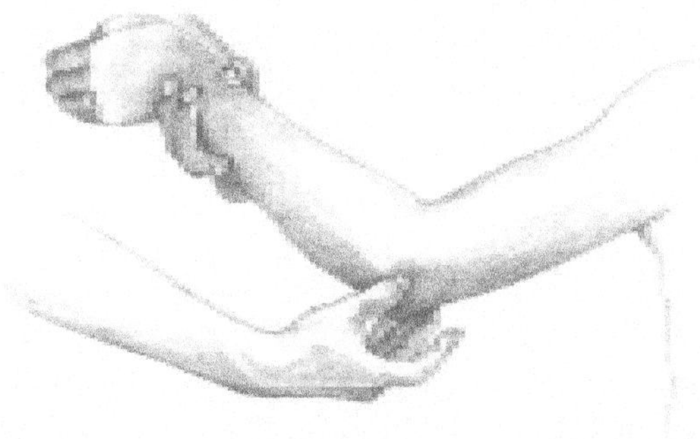

67

O Braço

Retire a pressão do marma do cotovelo e aplique óleo em suas mãos. Vá friccionando o braço até a parte inferior, depois comprima-o com o polegar e os dedos indicadores (veja fig. 68).

Enquanto comprime o braço, localize e friccione o marma indravasti, localizado no meio da parte interna do braço (veja fig. 69). Continue friccionando para frente e para trás até que o óleo seja todo absorvido (isto é, até que óleo não seja mais visível). Para massagear o braço com as mãos, cruze seus polegares na parte interna dos cotovelos, com as mesmas enroladas ao redor do braço. Mova as mãos rapidamente em cruz, de modo que os polegares se movimentem de dentro para fora à medida em que as palmas se aproximam dos pulsos (veja fig. 70). Repita brevemente para melhorar a circulação. Continue até que os músculos fiquem relaxados e soltos.

68

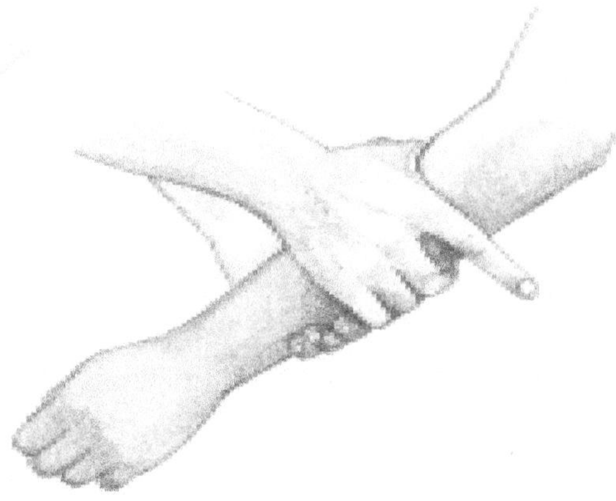

69

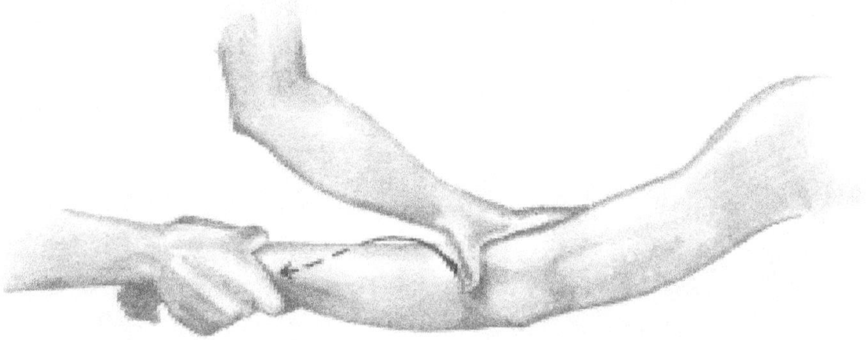

70

Os Pulsos

Existem dois marmas situados nos pulsos. O marma Manibandha situa-se exatamente no meio da articulação do pulso; o marma kurchshira se alinha com o manibandha exatamente abaixo do dedo mínimo (veja fig. 71). Aplique óleo nos polegares e friccione esses marmas nas direções indicadas (a mão direita fricciona em sentido horário, e a mão esquerda em sentido anti-horário) por alguns minutos. Depois, peça ao receptor que gire o pulso, criando posturas como aquelas que se vêem nas danças indianas.

A Mão

Para iniciar a massagem da mão, bloqueie com seu polegar o marma kurchshira, logo abaixo do dedo mínimo (veja fig. 72). Com a outra mão, localize os dois marmas na parte interna da mão do receptor: um deles é o marma kuruchcha, abaixo do polegar, no meio do monte de Vênus, e o outro é kshipra, abaixo do dedo indicador, no monte de Júpiter. Enquanto continua a bloquear o marma kurchshira, friccione esses marmas um de cada vez (veja fig. 73). Solte o marma kurchshira e friccione a região média da palma com seu polegar. Depois localize e friccione o marma talhridayam, situado na depressão abaixo do meio da palma da mão (veja fig. 74).

Aplique óleo em seus polegares e dedos para preparar a fricção de cada uma das articulações dos dedos. Primeiro massageie a frente e a parte de trás da palma da mão com a sua mão inteira, depois massageie cada dedo com seu polegar e seu dedo indicador. Localize a primeira

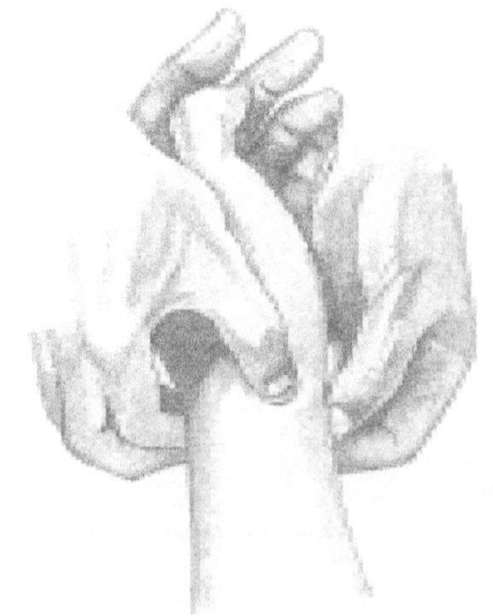

71

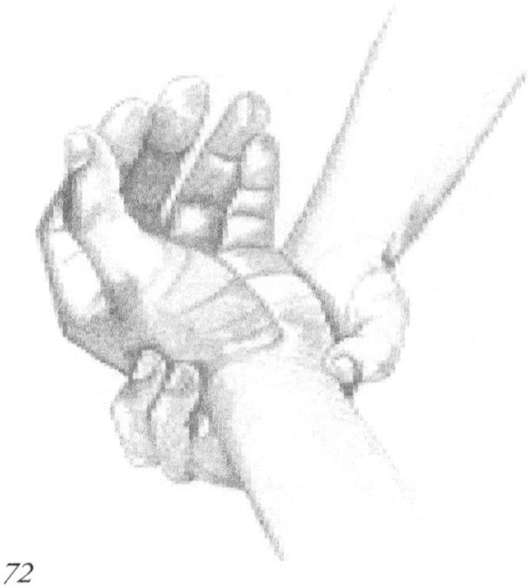

72

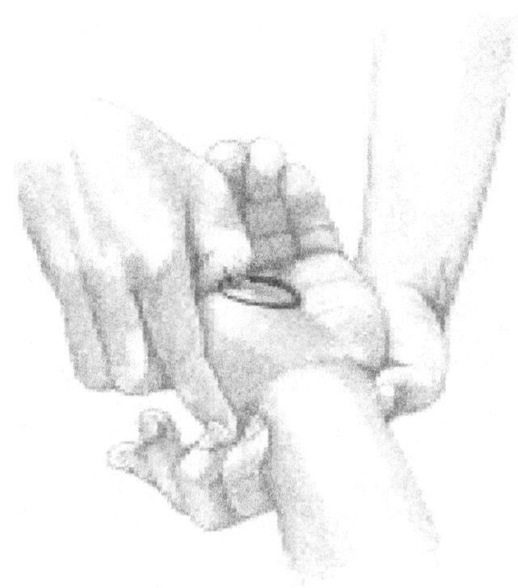

73

74

articulação do dedo indicador, sob a linha do coração, e friccione. Coloque sobre o pulso o polegar da sua mão que está apoiando a mão do receptor, para bloquear o marma manibandha situado no meio da articulação interna do pulso. Então, começando com a primeira articulação do dedo mínimo, use seus dedos que estão livres, o polegar e o dedo indicador, para articular cada uma das juntas, girando-as suavemente de um lado a outro (veja fig. 75). Finalmente, puxe cada um dos dedos em sua direção (veja fig. 76). Caso a junta não estale, friccione as suas laterais e tente novamente. Puxe como se estivesse ordenhando uma vaca, movendo os dedos lentamente para fora, da primeira articulação até as pontas. Esse tipo de movimento melhora a circulação e traz nutrientes aos dedos. Depois que todos os dedos foram puxados, coloque uma gota de óleo em cada unha (veja fig. 77).

Massageie o espaço entre cada dedo, perto da primeira junta, entrecruzando os dedos de sua mão livre com os do receptor (veja fig. 78). Ao fechar a sua mão, agarre o pulso com seu polegar e seu dedo indicador da outra mão. Pressione alternadamente a frente e as costas da mão e dos dedos, trabalhando cada uma das juntas. Então gire e puxe os dedos novamente. Depois de puxar cada dedo, sacuda sua própria mão.

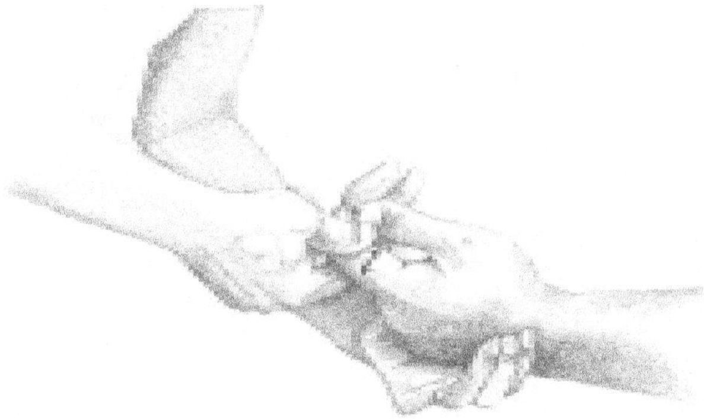

75

76

77

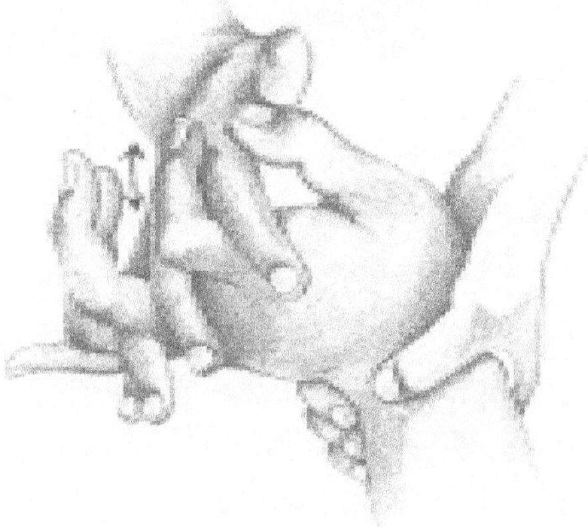

78

Para concluir a massagem do tronco superior, friccione e aperte o braço inteiro, do ombro até a ponta dos dedos, fazendo um movimento cruzado com as mãos (veja figs. 79-82). Use suas palmas das mãos e dedos para comprimir e puxar simultaneamente. Depois de comprimir o braço até a ponta dos dedos, bata as suas palmas das mãos.

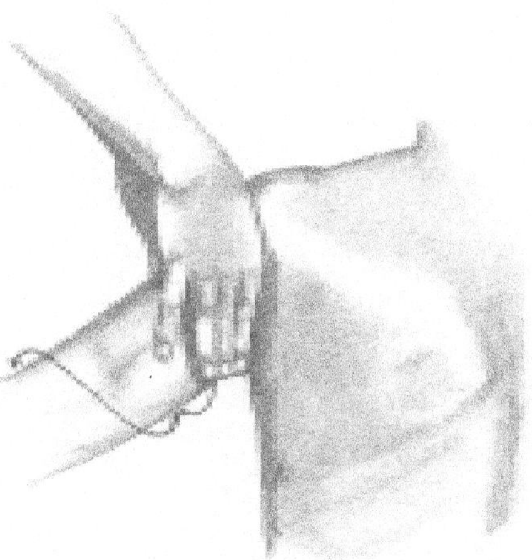

79

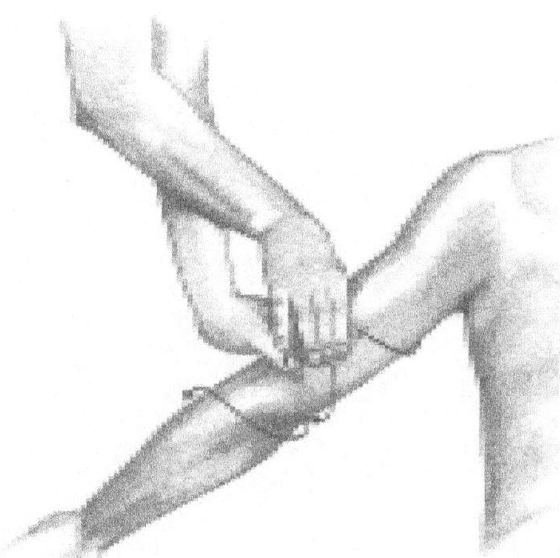

80

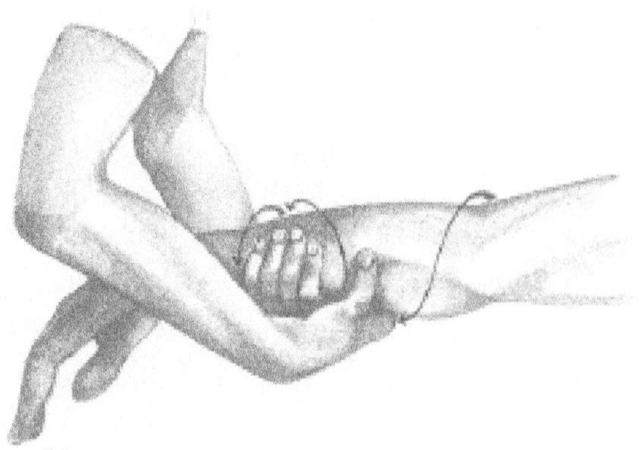

81

Retome as instruções para a massagem da clavícula e dos braços (veja página 83). Iniciando com o antebraço, repita cada uma das etapas no braço oposto. Depois que ambos os braços foram massageados, passe à massagem da cabeça.

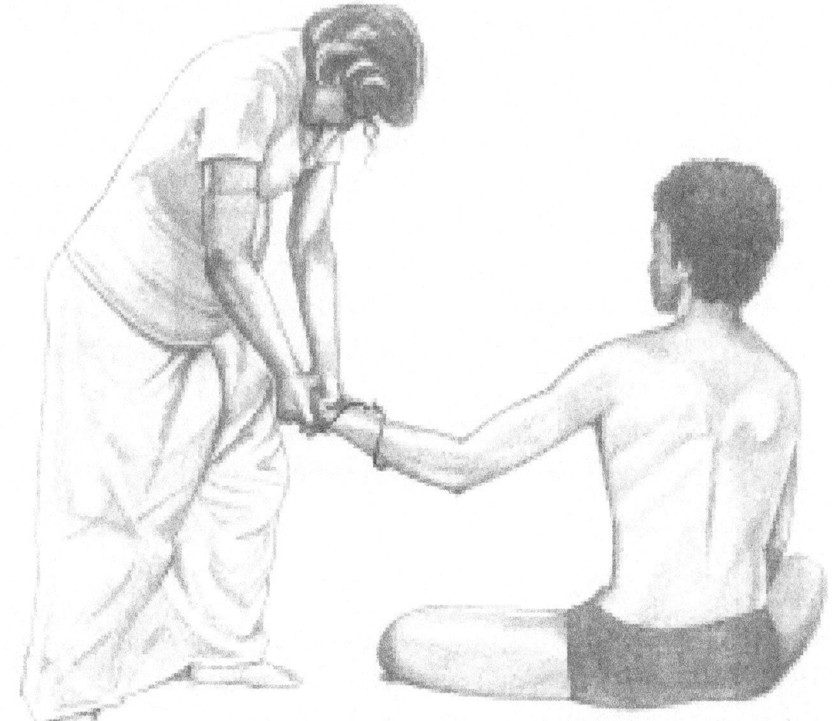

82

MASSAGEM DA CABEÇA

Quando é realizada corretamente, a massagem da cabeça equivale de fato à massagem do corpo inteiro. Como a cabeça é o centro do sistema nervoso, a sua massagem acalma todo esse sistema. O cérebro é o primeiro órgão que se forma no processo do desenvolvimento fetal. No momento do nascimento, ele é mais pesado e maior do que qualquer outro órgão. (Geralmente leva de três a seis meses para uma criança conseguir segurar e equilibrar a cabeça sobre o pescoço).

O ponto "frágil" ou "moleira" do bebê, é uma abertura coberta por uma membrana entre os ângulos incompletos dos dois ossos parietais. Situada no alto do crânio, sobre a metade do cérebro, num recém-nascido a moleira pode ser vista pulsando. No momento da morte, a força vital, ou prana, abandona o corpo através de um dos dez portais do corpo*. Na linguagem dos yogues, a moleira é considerada o décimo portal, ou *brahmand.* A função dessa abertura é captar energia do ambiente exterior para o bebê. Aos seis ou nove meses a abertura se fecha e essa parte do crânio fica rígida e dura, como os outros ossos. Entretanto, através da prática constante do nada yoga (*pranava*) os yogues conseguem reabri-la. (O nada yoga é a prática de cantar o mantra *Aum* em voz baixa, quase inaudível. O som vibra o topo do crânio e se parece ao zumbido de uma vespa). Os yogues que deixam o corpo através desse portal não renascem mais.

A massagem da cabeça, quando realizada cuidadosamente com óleos nutrientes durante os primeiros seis a nove meses de vida, é excelente para o cérebro e a visão do bebê. Protege o cérebro do ressecamento, criado constantemente nos anos vindouros pelo pensamento, a imaginação, e a tomada de decisões. Quando essa abertura se fecha, o óleo não consegue mais alcançar o cérebro. Para assegurar o bom funcionamento do cérebro de uma criança, uma mãe indiana deverá deixar um pedaço de algodão ou de pano embebido em óleo sobre essa área delicada, sempre que possível.

A massagem da cabeça realizada durante os primeiros nove meses de vida energiza o fluido cerebroespinhal e fortalece o sistema nervoso. Acredita-se que o brahmand respira e absorve a energia prânica, a radiação solar e outras formas de energia sutil presentes na atmosfera. O óleo, que também mantém a cabeça fresca, age como um condutor da energia disponível no ambiente. De acordo com textos yogues, acredita-se que esse ponto, situado oito dedos acima do terceiro olho, seja o assento do "Self" (eu mesmo). É o domicílio da consciência durante o samadhi, um estado de "inconsciência consciente"**.

A aplicação de óleos nutrientes nessa região ajuda a acalmar e fortalecer o cérebro e o sistema nervoso. Quando o óleo é aplicado na cabeça dos adultos, ele é absorvido pelas raízes dos cabelos, que por seu lado estão conectadas com as fibras nervosas que vão diretamente ao cérebro.

O óleo fortalece o cabelo e elimina o ressecamento, responsável pelo cabelo quebradiço, a calvície prematura, e muitas desordens do couro cabeludo.

A massagem na cabeça pode ser feita a qualquer hora, menos logo depois de comer, durante uma crise de febre, e em condições nas quais a massagem em geral é proibida (veja páginas 49-50). A massagem é especialmente benéfica de manhã, antes do banho, e à noite, depois do trabalho. Se for realizada antes de dormir, produz um sono profundo.

A massagem na testa, a aplicação de cremes como o de sândalo*** ou *unguento* (veja página 129) ou a aplicação de *malai* (a película de leite fervido) acalma o sistema e gera uma sensação agradável no cérebro.

* Os dez portais são: o ânus, os genitais, a boca, as duas narinas, os dois olhos, os dois ouvidos e a brahmand.

** Anatomicamente, o brahmand é o espaço oco entre os dois hemisférios cerebrais. Essa área está no caminho direto do misterioso kundalini (poder da serpente) que flui através do *sushumna*, o principal canal sutil conhecido pelos yogues.

*** Para fazer o creme de sândalo, esfregue um pedaço de sândalo numa pedra de mó. Acrescente algumas gotas de água, uma pitada de pó de cânfora orgânica e uma pitada de açafrão. Quando a cânfora e o açafrão se dissolverem na água, mexa até formar uma pasta fina, e depois aplique no local.

Ao mesmo tempo em que refresca o sistema, a aplicação do creme também cria ressecamento, portanto deve-se aplicar óleo depois da sua remoção.

A aplicação de pasta de sândalo na testa antes da meditação é uma prática comum na Índia entre os hindus. Refrescando o lóbulo frontal, a área do cérebro mais envolvida em pensamentos e ideias, ajuda a acalmar a mente e convida a um estado meditativo.

A massagem das têmporas melhora a visão e o poder de concentração. Também cria um estado de centralização.

A massagem das sobrancelhas relaxa o corpo inteiro e é especialmente benéfica para os olhos.

A massagem da testa melhora a visão e o poder de concentração.

BENEFÍCIOS DA MASSAGEM NA CABEÇA

- Aumenta o suprimento de oxigênio fresco e glicose no cérebro.
- Relaxa o sistema nervoso e elimina a fadiga causada por tensão mental e stress.
- Melhora a circulação desse elemento vital, o fluido cerebroespinhal.
- Aumenta a secreção de hormônios de crescimento e enzimas necessários para o crescimento e o desenvolvimento de células do cérebro.
- Aumenta o nível de energia prânica dentro do cérebro.
- Cura o ressecamento.
- Retarda a queda de cabelos, a calvície prematura, e os cabelos grisalhos.

Por essas razões, a massagem da cabeça deverá ser incluída em todas as atividades cotidianas.

ÓLEOS PARA A MASSAGEM NA CABEÇA

- O óleo de gergelim, extraído de sementes pretas de gergelim, é considerado o melhor óleo para as massagens da cabeça e dos cabelos. Ele contém ácido linoleico, uma das vinte e quatro enzimas muito importantes para o cérebro.
- O óleo de mostarda também é muito nutritivo para o cérebro, e especialmente bom para os olhos. Muito popular no norte da Índia, ele retarda o embranquecimento do cabelo e fortalece os nervos. O óleo de mostarda pode, às vezes, irritar a pele das pessoas que não estão acostumadas com ele. Por esse motivo é melhor usá-lo misturado com óleo de gergelim, que é neutro e não irrita a pele.
- O óleo de coco é particularmente recomendado porque é mais suave para o corpo e refrescante, comparativamente aos óleos de mostarda ou gergelim. Como é conhecido por promover o crescimento dos cabelos e deixá-los brilhosos, as mulheres indianas, principalmente da Bengala, usam o óleo de coco para a massagem da cabeça e dos cabelos.
- Muitos óleos são especialmente benéficos para a saúde dos cabelos. O óleo de amla nutre e fortalece o cabelo. O óleo de bhringaraj retarda o embranquecimento. O óleo

de shikakai promove o crescimento dos cabelos e deixa-os brilhosos. O óleo de gergelim--amêndoas, com um pouco de sândalo, fortalece os cabelos e a memória. O de jasmim é usado por ter um aroma agradável.

- Dois outros óleos que ajudam a memória são o óleo de amêndoas e o óleo brahmi.
- Os óleos conhecidos por seus efeitos refrescantes são os de semente de abóbora, de kahu e de coentro. O de coentro é muito refrescante e não deverá ser usado puro; misture-o com outros óleos antes de usá-lo. É especialmente benéfico para pessoas que têm a cabeça quente.

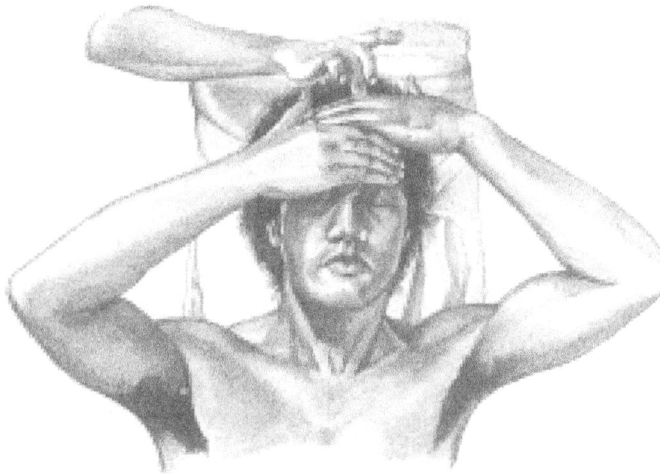

83

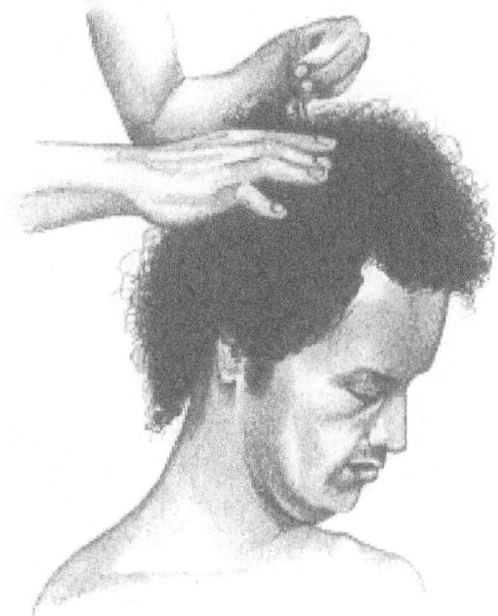

84

Muitos desses óleos são usados em combinações, para um melhor efeito. Algumas combinações mais comuns são brahmi-amla, brahmi-amla-shikakai-bhringaraj, gergelim-amêndoas- jasmim, e amêndoas-abóbora-kahu.

Antes de começar a massagem na cabeça, é importante familiarizar-se primeiro com três pontos. O óleo deve ser aplicado nesses três pontos e depois espalhado em todo o couro cabeludo.

1. O primeiro ponto é a moleira, ou brahmand, situada a oito dedos acima do terceiro olho (veja fig. 83). É também chamado de marma adhipati.

2. O segundo ponto é a parte do crânio onde os cabelos formam um redemoinho, ou crista de galo. Esse local, situado a doze dedos das sobrancelhas, é também conhecido como "depressão". Mesmo quando raspam toda a cabeça, os hindus não raspam esse local (veja fig. 84); a mecha de cabelos, chamada shikha, é considerada o sinal de um hindu. Os cabelos são torcidos em sentido horário e é dado um nó para mantê-los juntos. O nervo sutil ou nadi mais importante, o sushumna, que se origina no primeiro chakra, bifurca-se no final da medula oblongata e seu aspecto posterior termina nesse ponto. Os hindus conservam uma shikha para manter a energia funcionando nessa região. Ao torcer e amarrar

os cabelos, são estimulados os vasos capilares ligados às raízes, que por seu lado melhoram a circulação de energia. No passado essa prática já foi considerada essencial para os praticantes do pranayama.

3. O terceiro ponto situa-se atrás da cabeça, perto do local em que o pescoço encontra o crânio. Há dois marmas muito importantes, chamados krikatikas, situados em cada um dos lados da última vértebra palpável. Eles serão discutidos novamente na seção seguinte.

MASSAGEM NA CABEÇA E NO PESCOÇO

Peça ao receptor que meça oito dedos para trás das sobrancelhas. Este é o marma adhipati, situado na sutura coronal. Aplique óleo nesse ponto e espalhe-o com os dedos das mãos, para cada um dos lados da cabeça. Esfregue-o para dentro das raízes, distribuindo-o uniformemente.

Aplique óleo na área da crista, usando novamente os dedos das mãos. Distribua o óleo uniformemente em direção às têmporas. Finalmente, aplique o óleo no terceiro ponto com os dedos, ele corresponde à depressão oca bem abaixo do crânio.

Depois que o óleo foi espalhado em todas essas três áreas, localize os marmas krikatika, nos dois lados da última vértebra palpável (veja fig. 85) e friccione com um movimento circular. Aplique mais óleo nos dedos, se necessário, e vá adiante para encontrar dois conjuntos de marmas siramatrika situados em cada um dos lados do pescoço abaixo do occiput (veja fig. 86).

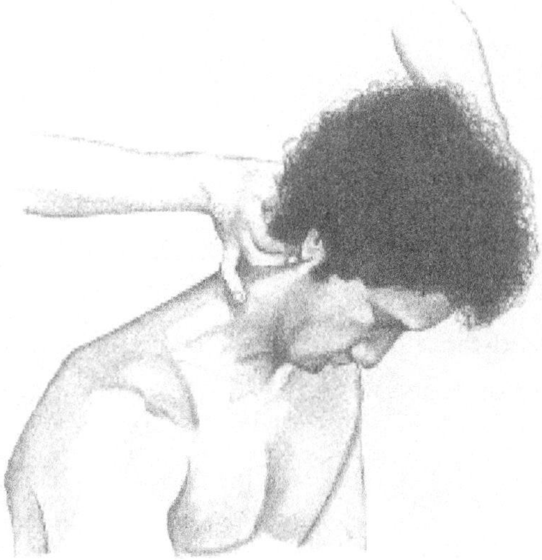

85

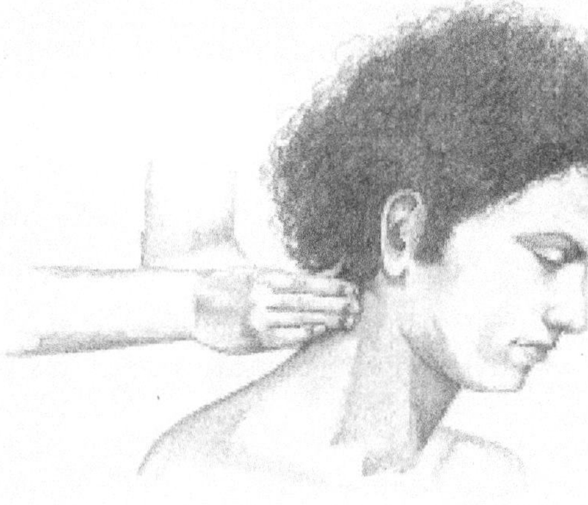

86

Depois que esses dois marmas foram friccionados, suba com os dedos até o crânio, atrás das orelhas. O marma vidhuram está situado numa depressão atrás da orelha (veja fig. 87). Friccione com os dedos untados de óleo, da mesma forma que os outros marmas. Continue friccionando o crânio ao redor da orelha até que seus dedos alcancem as têmporas. Massageie o pescoço novamente, trabalhando nas áreas dos marmas krikatikas, siramatrika e vidhuram, antes de prosseguir com a massagem na cabeça.

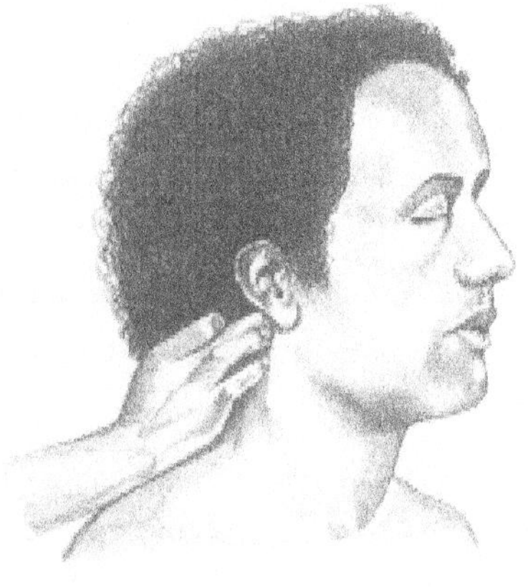

87

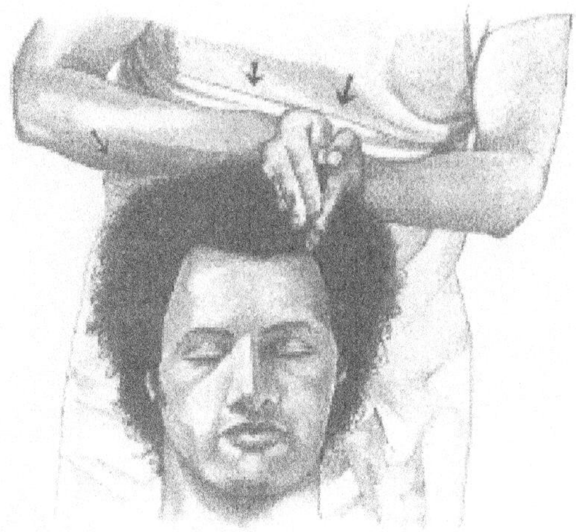

88

A massagem na cabeça começa com uma leve fricção, para estimular os finos vasos capilares dos sistemas circulatório e nervoso. Para isso, junte levemente as palmas das mãos, e com um movimento de cima para baixo, vá descendo pela cabeça, desde o topo até a base do crânio (veja fig. 88). Continue até ter friccionado toda a área do crânio.

Então friccione o crânio em direção à crista. Torça os cabelos da crista em direção horária, puxando-os para cima com uma pressão suave (veja fig. 89). Friccione a parte de cima do crânio. Depois, começando perto das orelhas e têmporas, friccione em direção à moleira com ambas as mãos simultaneamente. Torça uma pequena mecha de cabelos do brahmand, da mesma forma que os cabelos da crista (veja fig. 90).

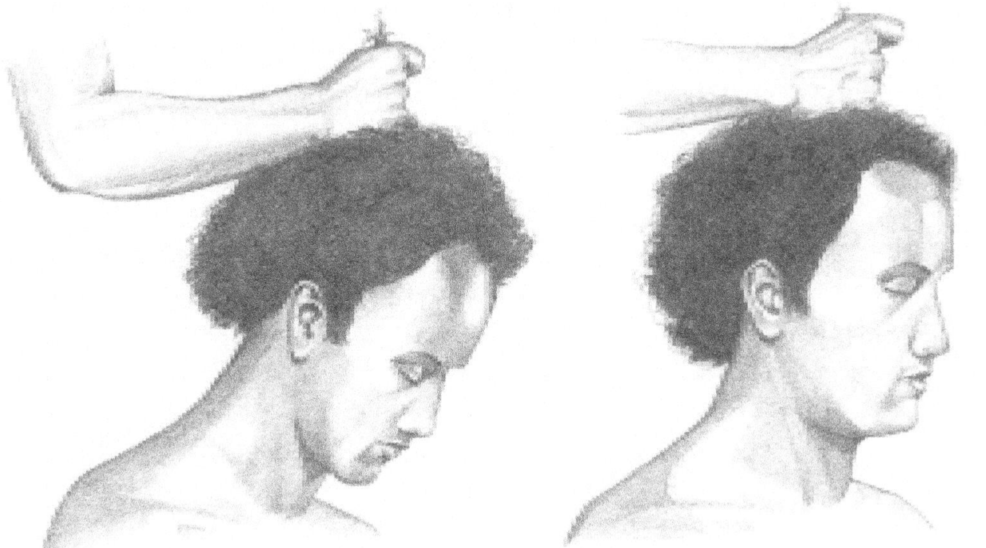

89 - 90

Segure a cabeça entre as palmas das mãos e aplique uma pressão suportável ao redor dela (veja fig. 91). Aplique a mesma pressão na testa (veja fig. 92). Na verdade uma pressão mais forte é melhor, se o receptor aceitá-la.

Para completar a massagem na cabeça, puxe novamente pequenas mechas de cabelo em cada um dos três pontos importantes: a moleira, a crista, e a depressão oca abaixo do crânio.

91

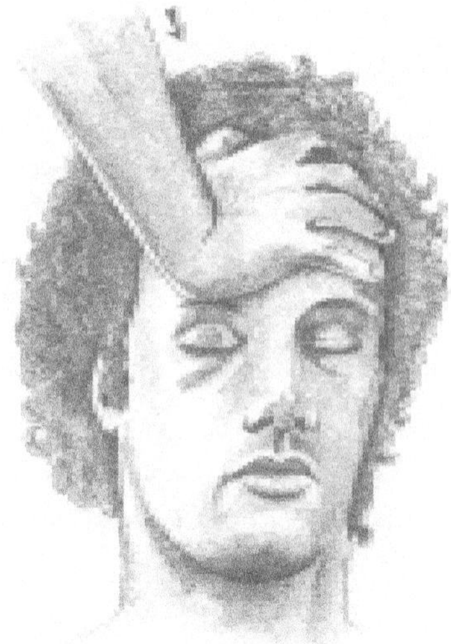

92

A MASSAGEM DAS ORELHAS

Comece essa parte da massagem com uma fricção suave dos lóbulos das orelhas. Os lóbulos são a parte mais sensível das orelhas, esquentam e ficam vermelhos rapidamente nos estados emocionais. Estão conectados ao cérebro por meio dos nervos cranianos. Na Índia acredita-se que lóbulos longos, pendentes, são um sinal de divindade e vida longa. Imagens religiosas são retratadas com lóbulos longos, geralmente perfurados. Uma seita em particular de praticantes do yoga kundalini perfuravam seus lóbulos e usavam um brinco pesado. Antigamente tanto homens como mulheres perfuravam suas orelhas e usavam brincos. Acredita-se que essa prática acalma a mente, subjuga o ego, e absorve a energia da eletricidade estática presente no ambiente. Puxar as orelhas era uma espécie de castigo aplicado pelo professor para anular o ego de um estudante. Muitas vezes podemos ver as pessoas puxando seus lóbulos quando não querem que suas palavras sejam interpretadas como egoísticas.

Os lóbulos das orelhas devem ser friccionados e puxados com os dedos lubrificados com óleo. Depois disso deve-se friccionar e comprimir suavemente a cartilagem e as dobras da parte externa da orelha em si. Finalmente massageie suavemente, com o dedo lubrificado, a área alcançável dentro da orelha, em direção ao tímpano.

MASSAGEM DA TESTA E DO ROSTO

Fique de pé atrás do receptor e apoie a cabeça dele em seu abdômen. A massagem da testa começa no ponto central, no local do marma sthapni (veja fig. 93). Esse ponto está perfeitamente alinhado com o terceiro olho, ou sexto chakra. Com os polegares na risca dos cabelos, coloque os dedos das duas mãos no marma sthapnio. Depois friccione os dois marmas superiores sringataka (veja fig. 94). Mova as mãos lentamente em direção às têmporas e aplique uma pressão suave nos marmas shankh (veja fig. 95). Repita esses toques algumas vezes, terminando a massagem da testa no marma shankh.

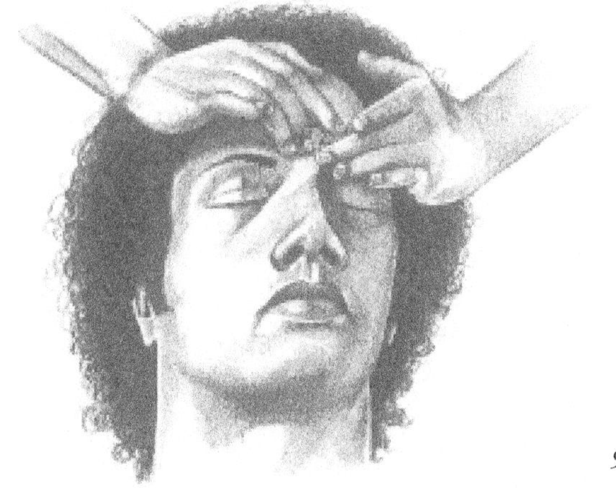

93

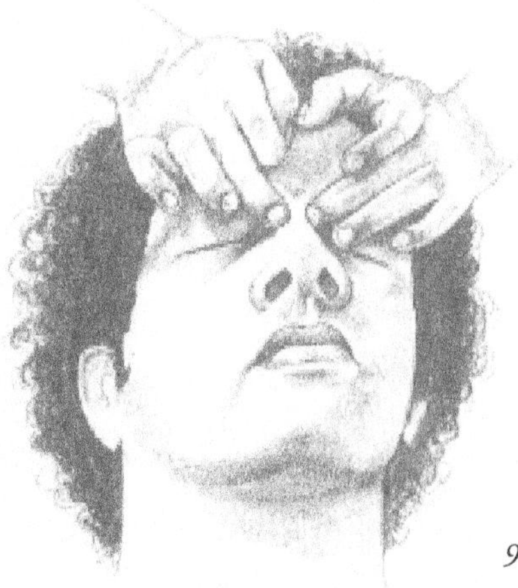

94

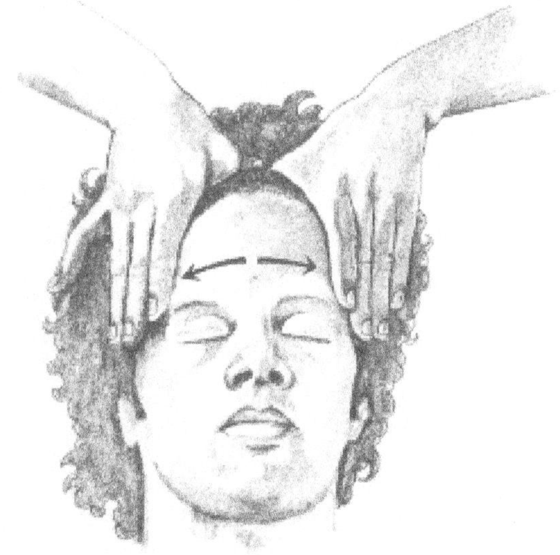

95

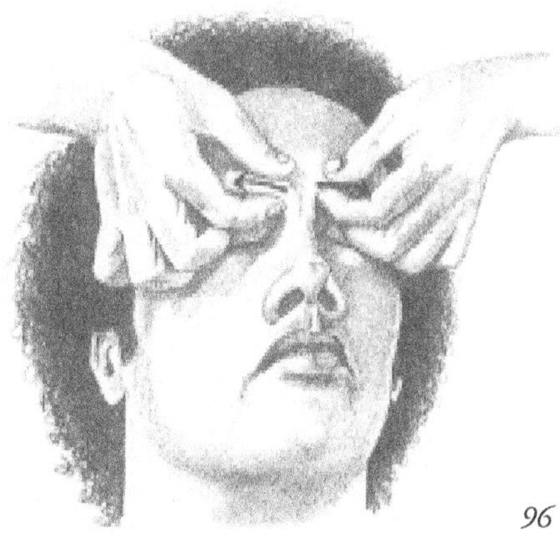

96

Volte ao centro da testa. Coloque os polegares nas arestas superiores das sobrancelhas e seus dedos abaixo delas. Comprima ao longo da aresta superior das pálpebras, movendo as mãos em direção às têmporas (veja fig. 96). Os marmas Avarta estão situados perto das extremidades das sobrancelhas. Assim que os tocar, comprima-os suavemente com seus polegares (veja fig. 97). Então mova os dedos em direção à parte de trás da cabeça. Bem acima das orelhas, podem ser encontrados os marmas utkshepa (veja fig. 98). Friccione-os suavemente.

Depois de certificar-se que o receptor não está usando lentes de contato, volte com os dedos ao centro da testa. Comprima suavemente cada globo ocular com os polegares, movendo-os em direção às têmporas (veja fig. 99). Localize o marma apanga na extremidade do olho perto da órbita e comprima suavemente (veja fig. 100).

A massagem das maçãs do rosto é feita sem óleo. Erga cada uma delas suavemente com os dedos e os polegares (veja fig. 101). Comprima os dois marmas sringataka inferiores, acima dos lábios (veja fig. 102) e abaixo do queixo (veja fig. 103), para liberar a tensão. Depois de trabalhar esses pontos, comprima o queixo com pequenos movimentos circulares.

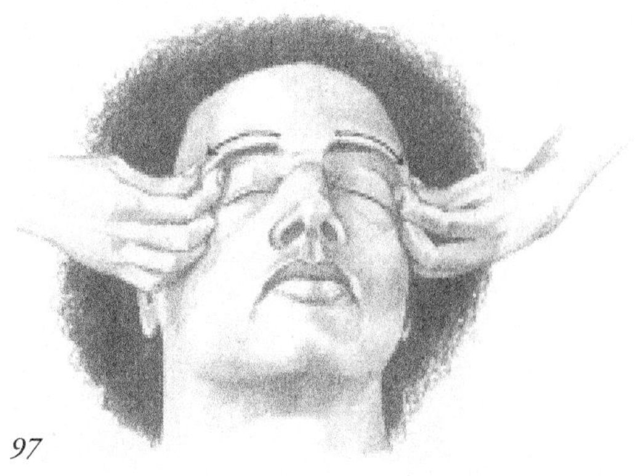

97

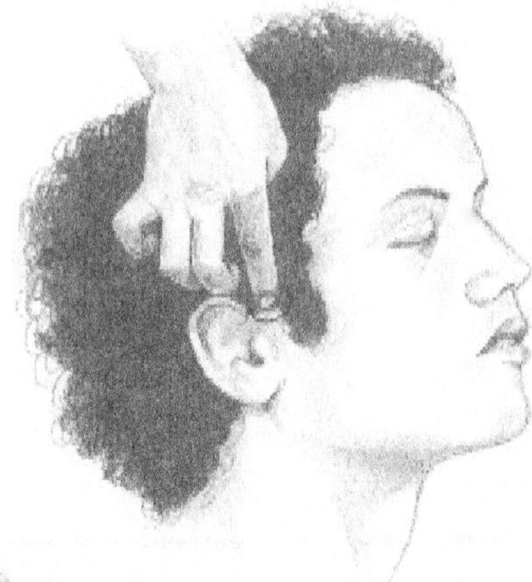

98

99

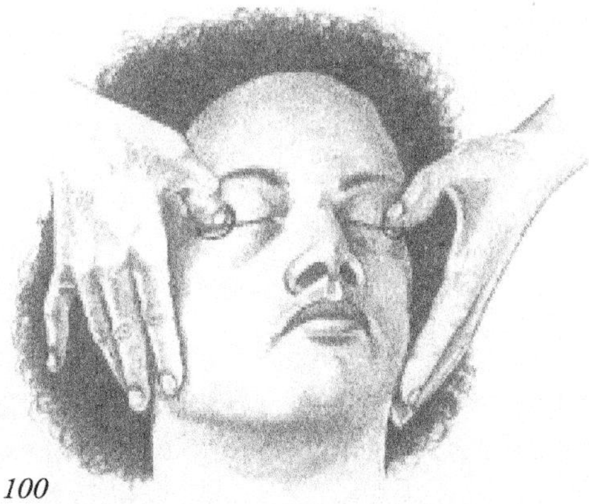

100

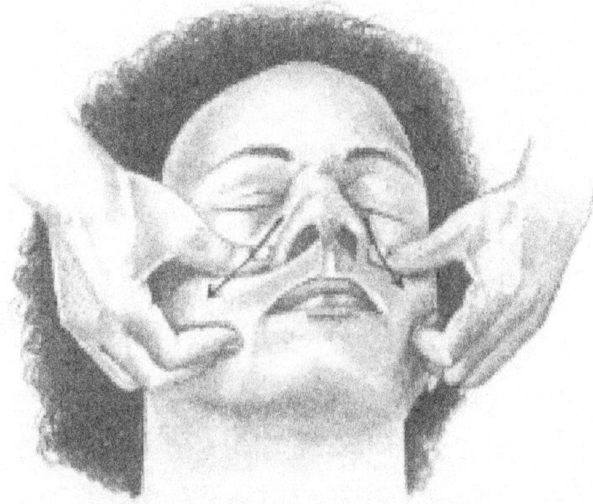

101

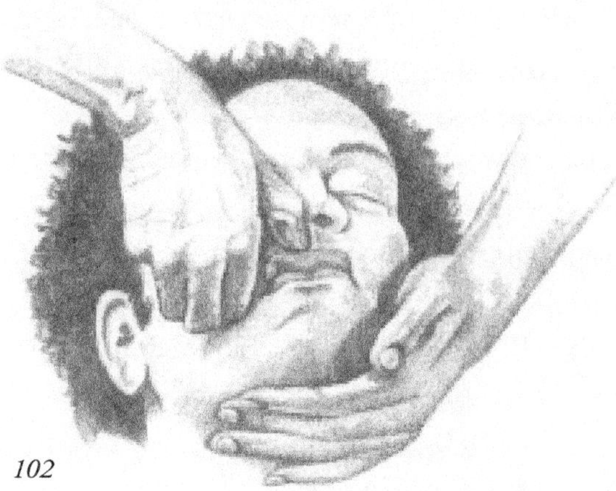

102

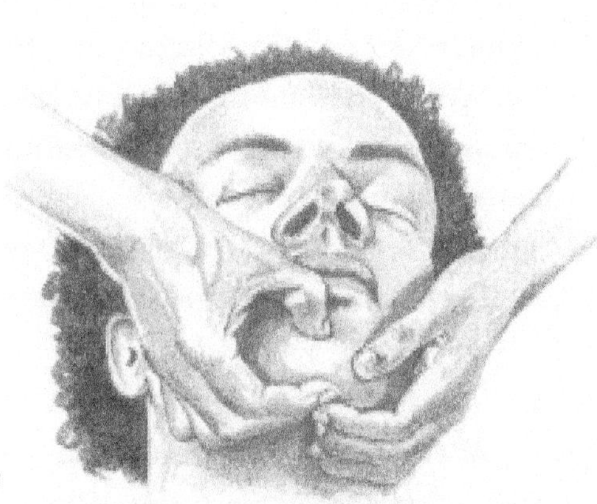

103

Para a massagem dos lábios, peça ao receptor que aplique óleo de amêndoas ou de malai, ou a película fina do leite fervido, diretamente nos lábios. O praticante não deverá massagear os lábios do receptor.

Massageie suavemente os lóbulos das orelhas e a parte externa da orelha por alguns minutos. Então com a cabeça do receptor inclinada para o lado, puxe a orelha suavemente e coloque uma gota de óleo puro de amêndoas, gergelim ou de mostarda em seu interior*.

Peça ao receptor que feche e abra o maxilar várias vezes para que o óleo penetre, enquanto você movimenta a orelha de um lado a outro para abrir mais a entrada. Coloque um chumacinho de algodão no ouvido e repita os mesmos passos na outra orelha. Esse tratamento ajuda a lubrificar a área e ajuda o ouvido a expelir o excesso de cera.

Para tratar os olhos, coloque uma gota de água de rosas** em cada olho com um conta-gotas. Além de refrescante e antisséptica, a fragrância da água de rosas acalma o corpo e fortalece os nervos e tecidos óticos. O toque final da massagem da cabeça, e também da massagem do corpo inteiro, é friccionar suavemente o crânio e dar uma puxada na mecha de cabelo que cobre a moleira.

Para sinalizar o final da massagem, bata as palmas das mãos. Cubra o corpo inteiro do receptor com uma toalha grande ou lençol, e peça-lhe que respire profundamente e relaxe.

* Esse óleo tem de ser puro, prensado a frio e não refinado. Em caso de dor de ouvido, aqueça o óleo ou use óleos medicinais receitados pelo médico. O óleo de sândalo ou de muleína são ideais por serem adicionados ao óleo medicinal, a menos que sejam prescritas outras ervas.

** Use somente água de rosas 100 % natural, destilada de pétalas de rosa. Não use produtos sintéticos. A água de rosas não deve conter álcool, óleo ou fragrâncias artificiais.

Capítulo Seis

Massagem Terapêutica

Neste capítulo falarei sobre doenças que podem ser curadas ou amenizadas com a massagem Ayurvédica. A massagem não promove uma cura terapêutica completa, mas ajuda o organismo a receber o material nutriente dentro do corpo e a expelir as toxinas. Fortalece o sistema imunológico e ajuda o corpo a se recuperar com mais rapidez. Certos males ligados aos músculos, ligamentos e ao sistema nervoso podem ser totalmente curados através de uma boa massagem que empregue óleos curativos preparados a partir de ervas e outras plantas medicinais. Em todos os casos, para eliminar a doença, a massagem deve ser combinada com uma boa alimentação e medicamentos curativos. Em doenças causadas por um desarranjo de vata, a massagem é o único remédio; em doenças causadas por um desarranjo de pitta e kapha, ela complementa outros métodos de cura.

A massagem é um remédio ideal para a dor. A figura 104 mostra como as partes da cabeça se relacionam com outras partes do corpo e/ou sintomas de síndromes de doenças. Dor constante em uma parte da cabeça indica uma desordem na parte do corpo correspondente a essa área da cabeça. O praticante da massagem deverá estudar esse diagrama e usá-lo para encaminhar o cliente a um médico especializado na parte do corpo indicada pelo reflexo da dor. O praticante poderá fazer a massagem como um complemento ao tratamento clínico do médico. Um praticante treinado na Ayurveda pode receitar os remédios ayurvédicos apropriados e usar a massagem, as ervas, os pós de gemas preciosas e uma dieta apropriada para curar o cliente.

Quando o praticante aplica a técnica da terapia das cores e guarda o óleo de massagem em frascos coloridos apropriados, deixando-os sob a luz do sol e da lua durante 40 dias e noites, a massagem pode produzir resultados miraculosos. Depois dos quarenta dias, mantenha os frascos coloridos num local frio e seco. Quando você estiver preparado para fazer a massagem, tire do frasco somente a quantidade de óleo que for usar. Como o óleo é frio, coloque a quantidade que for usar numa xícara e mergulhe-a em água quente por alguns minutos.

O óleo de amêndoas é uma base particularmente boa para fazer os óleos na terapia das cores. Toda uma gama de cores de frascos, como vermelho, laranja, amarelo, verde, azul claro e azul escuro, violeta, é usada para armazenar os óleos, que depois serão usados para as mais diversas condições. Você poderá adicionar outros óleos ao óleo de amêndoas, dependendo da necessidade.

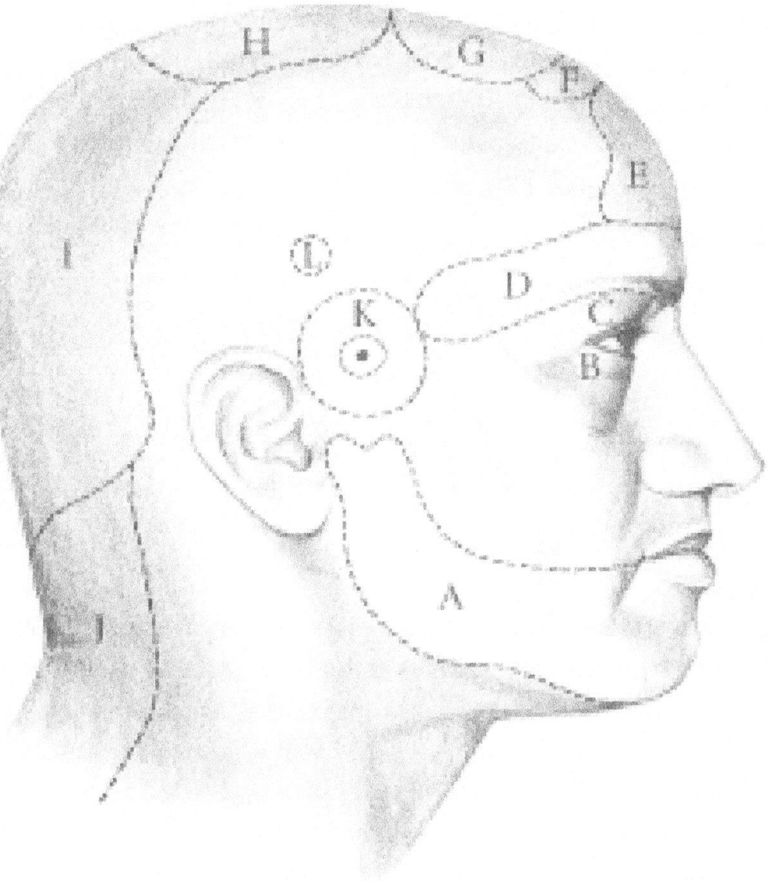

104

A. Dor neste local indica tensão e infecções nas gengivas e dentes.

B. Dor nos globos oculares indica superacidez.

C. Dor nas pálpebras indica gastrite.

D. Dor neste local indica inflamação do estômago.

E. Dor neste local indica úlceras.

F. Dor neste local indica distúrbios intestinais.

G. Dor neste local indica distúrbios das trompas de falópio.

H. Dor neste local indica distúrbios dos rins.

I. Dor neste local indica distúrbios do trato urinário.

J. Dor neste local indica nevralgia.

K. Dor neste local indica a formação de catarata.

L. Dor nas têmporas indica distúrbios do cérebro e dos nervos da espinha.

Condições e Métodos de Tratamento

Fraqueza geral

Inválidos, idosos e crianças subnutridas podem ser ajudados pela seguinte composição terapêutica: combine partes iguais de sementes de gergelim preto prensadas a frio, ou sementes de mostarda amarela com óleo de oliva, de amêndoas ou de peixes, como o de fígado de bacalhau*. Guarde a mistura num frasco de vidro cor de laranja durante quarenta dias, e depois coloque-o num local fresco e seco. Quando esse óleo é armazenado num frasco cor de laranja, ele se torna especialmente benéfico para um cliente do sexo masculino; para uma cliente do sexo feminino é preferível usar um frasco amarelo, a menos que ela tenha uma tendência à depressão ou ao pessimismo. O amarelo pode ser depressivo para aquelas pessoas que têm tendências à depressão.

Distensões ou Ossos Deslocados

De acordo com o *Sushruta Samhita*, os sintomas do deslocamento são a incapacidade de esticar, flexionar ou girar um membro, assim como a dor intensa e a intolerância ao toque. Qualquer

* Se o óleo de fígado de bacalhau não estiver disponível, pode ser usado o óleo extraído da gordura de aves aquáticas.

pessoa que tiver um deslocamento deverá ter o seu osso colocado no lugar novamente antes de receber qualquer tipo de massagem. Uma articulação deslocada não deve ser movimentada, mas deve, ao contrário, ficar em repouso. Podem ser aplicadas loções frias, lavagens e compressas medicinais*, até que a articulação possa ser restaurada. Ela poderá também ser coberta com um toalha de linho embebida em óleo, em ghee, ou manteiga clareada. Depois que o osso foi novamente colocado em seu lugar, por um especialista, a articulação poderá ser massageada com uma das seguintes misturas terapêuticas:

ÓLEO DE MOSTARDA E IODEX

½ xícara de óleo de mostarda
½ xícara de iodex

Acrescente iodex, uma fórmula alopática feita com iodo, ao óleo de mostarda. Misture bem, agite, e aplique na área afetada.

COMBINAÇÃO DE ÓLEO DE MOSTARDA

2 colheres de sopa de óleo de mostarda
1 colher de chá de açafrão da Índia em pó
½ colher de chá de iodex
10 gotas de óleo de menta
30 gotas de óleo de amêndoas

Misture os ingredientes, agite, e aplique na área afetada.

Em qualquer uma das aplicações, friccione suavemente por cerca de 30 minutos e depois aplique uma bolsa de água quente por mais 45 minutos. A aplicação de uma tira de pano coberta de pasta de argila também pode ser benéfica. As combinações devem ser armazenadas num frasco de vidro verde.

Artrite

De acordo com a Ayurveda, a artrite é causada por um desarranjo ou agravamento de vata, chamado de vayu. As doenças vayu tem sua origem no intestino grosso e estão relacionadas com o ferro não absorvido nos intestinos. Para aliviar essa condição, a Ayurveda receita enemas (basti) com um óleo, que consiste de ½ xícara de óleo morno de gergelim, ou um enema de decocção, no qual as ervas são amassadas ou fervidas em óleo de gergelim ou outro meio

* As loções frias podem ser na forma de óleos de base com óleo essencial de menta, eucalipto, gualtéria ou cânfora, resfriados e armazenados num frasco verde. As lavagens podem incluir soluções de ervas em água, como sementes de orégano ou de feno-grego, ou folhas de neem, eucalipto, limão ou marigold, fervidos (as sementes de orégano devem ferver de 4 a 5 minutos). As compressas podem ser feitas de argila suave ou da seguinte mistura de ervas: ½ colher de chá de açafrão da Índia, ½ xícara de farinha de trigo, 4 colheres de chá de água, de 6 a 10 gotas de óleo (de preferência de mostarda) e uma pitada de sal. Coloque a compressa em tiras de pano e aplique na articulação deslocada.

líquido*. O jejum com água morna – 1 a 2/4 de litro ao dia – também ajuda no caso de dores artríticas, causadas pela circulação sanguínea deficiente nas articulações devidas ao vayu desarranjado.

As doenças vata geralmente atacam o organismo na idade avançada, porque nessa idade é o tempo do vata. Chás de alfafa, de feno-grego ou de raiz de castor tomados antes de dormir podem ajudar bastante. Engolir todos os dias, durante 40 dias, um dente de alho pequeno, descascado, seguido de uma bolinha de cera de abelha, do tamanho de um grão de feijão, também demonstrou ser uma prática eficaz contra a artrite. O açafrão da Índia, ingerido ou usado externamente como óleo de massagem, também é muito benéfico. As sementes de feno- grego também ajudam muito, e podem ser fervidas em óleo de mostarda ou gergelim, ou simplesmente misturadas no óleo antes da massagem. Os que sofrem de artrite devem comer brotos de feno-grego e de alfafa em saladas.

Antes de fazer uma massagem em alguém que sofre de artrite, o praticante deverá aplicar uma fomentação – um tratamento com uma substância aquecida e úmida. Isso é feito mergulhando-se toalhas de linho em água quente e aplicando-as sobre a área afetada durante 3 minutos. Depois aplique toalhas embebidas em água fria por 1 minuto. Repita a fomentação de água quente, depois massageie a área com a mistura terapêutica a seguir.

Misture 2 colheres de sopa de óleo de oliva e 2 de óleo de mostarda**, 1 colher de sopa de óleo de sementes de feno-grego***, ¼ de colher de chá de açafrão da Índia em pó, e 10 gotas de óleo de gualtéria, 10 de eucalipto e 10 de menta. Agite bem a mistura e armazene num frasco de vidro amarelo. Se não houver tempo suficiente para curar o óleo sob a luz do sol durante 40 dias, poderá ser acrescentada à mistura 1 ½ de colher de chá de óleo de gergelim ou de amêndoas que já tenha sido curado pelo sol num frasco de vidro amarelo.

Depois de masagear as áreas afetadas durante 5 ou 10 minutos com essa mistura, amarre um pano coberto de pasta de argila (curativa da França ou de ceramistas) na área e deixe por 40 minutos. Se esta receita for seguida diariamente durante 40 dias, trará muito alívio aos que sofrem de artrite.

Reumatismo

O reumatismo provoca dores nos ossos, nas articulações, nos músculos, nos tendões, ou nos nervos. Entretanto, a maior parte das dores é sentida nas articulações, porque são áreas importantes para os movimentos. Como as articulações são locais em que os vasos sanguíneos

* Um tipo de basti de decocção pode ser feito usando-se uma quantidade igual de ervas que produzem o triphala (haritaki [Terminalia chebula], bibhitaki [Terminalia belerica], e amla) ou o pó de triphala, facilmente encontrado. Ferva uma colher de chá de pó de triphala em ¼ de xícara de água até que esta se reduza à metade. Escorra e acrescente o líquido a 1 xícara de óleo pré-aquecido. O óleo é necessário para que o cólon não resseque e agrave ainda mais o vata. Deixe esfriar antes de usar.

** Caso esses óleos não estejam disponíveis, poderá ser usado o óleo de gergelim.

*** O óleo de sementes de feno-grego não está disponível nas lojas. Pode ser feito fervendo-se 1 colher de sopa de sementes em ½ xícara de óleo de gergelim ou de mostarda. Quando as sementes ficarem pretas, filtre o óleo e armazene-o para usos futuros.

precisam virar e voltar, é um local natural para a acumulação de material descartado, o que provoca bloqueios. A alimentação inadequada produz toxinas que, depois da digestão, são transmitidas ao sangue; por seu lado, essas toxinas se tornam muito ácidas e impuras. À medida em que a digestão empobrece, e a indigestão e a constipação se instalam, o vayu (gases do corpo) se desarranja. No reumatismo, o vayu fica bloqueado por uma película de muco conhecida como ama, que é produzida nos intestinos. Na Ayurveda esse ama venenoso é chamado de *aamvish*. O vayu bloqueado entra no sistema circulatório, causando problemas nos músculos, articulações e nervos. Como a artrite, o reumatismo é essencialmente uma desordem vata e o tratamento escolhido deve ser a aplicação de enemas medicinais. Esse procedimento alivia a constipação e a hiperacidez. Os enemas oleosos devem ser evitados por aqueles que sofrem de indigestão crônica, hipoacidez, tosse crônica, dificuldades respiratórias, diarreias, diabetes ou anemia. Também não devem ser aplicados nos idosos ou nos menores de sete anos de idade. Para os que sofrem de reumatismo e estão nessas categorias, podem ser aplicados enemas de decocção nos quais as ervas são fervidas ou amassadas na água, contanto que o receptor não esteja com febre, resfriado, paralisia, dores no coração, ou dor forte no abdômen. (Não se deve aplicar nenhum tipo de enema nas pessoas com diarreia).

Vários outros remédios já se mostraram benéficos para o reumatismo. O chá de alfafa pode ser tomado na hora de dormir. O óleo de castor, que é antireumático e analgésico natural, age como laxante e pode ser tomado com uma xícara de chá de gengibre*. O alho também é antireumático e seu óleo pode ser usado em massagens para aliviar as dores articulares. A dor reumática é causada por toxinas depositadas junto às articulações; enquanto esses depósitos não forem eliminados, não será possível recuperar a saúde.

É essencial obter-se um equilíbrio na química do corpo. Isso pode ser feito de várias maneiras, como por exemplo através do suor, de uma massagem purificadora, ou de uma massagem mais forte e um enema. O suor pode ser induzido através da fomentação e é um meio eficaz de limpar o corpo das toxinas. Os banhos de vapor e as saunas também são ferramentas poderosas para a remoção de toxinas. Esses métodos de eliminação deveriam idealmente seguir-se à massagem. Qualquer óleo comestível pode ser usado, no entanto sugerimos os seguintes:

- Óleo de oliva (preferivelmente com dentes de alho refogados)
- Óleo de mostarda (preferivelmente com dentes de alho refogados)
- Óleo de sementes pretas de gergelim prensadas a frio (½ xícara) com sementes de feno-grego (1 colher de chá)
- Qualquer óleo no qual foram refogadas sementes de feno-grego
- Óleo de babuna (camomila) (pode ser misturado com óleo de castor)
- Óleo de mahanarayana (pode ser misturado ao óleo de castor)

* Para preparar o chá de gengibre, corte um pedaço de um centímetro de gengibre fresco em pedaços pequenos. Coloque-o em uma xícara de água e ferva, até que a água se reduza à metade. (Se quiser, ferva ¼ de xícara de leite com a água). Acrescente ¼ de colher de chá de folhas de chá preto e sirva com Sucanat.

- Uma mistura de óleos de babuna e mahanarayana
- Qualquer óleo de um frasco azul, amarelo ou verde

Em seguida à massagem, é bom aplicar-se uma pasta feita de sementes moídas de feno-grego em uma tira de pano e amarrá-la ao redor da articulação afetada.

Neurastenia

Muitas vezes encontrada em pessoas de temperamento vata, esta doença é mental e é causada por uma fraqueza do cérebro e do sistema nervoso. Os pacientes queixam-se frequentemente de dores nas costas e dores em geral, especialmente ao redor da cintura. Às vezes sentem uma sensação de queimação na área da cabeça e seus olhos ou orelhas ficam vermelhos. Como resultado dos vasos sanguíneos capilares enfraquecidos, suas mentes são influenciáveis e eles perdem o poder de tomar decisões. Ficam com a mente instável e perdem a confiança e a fé em si mesmos, assim como nos outros. As pessoas que sofrem de neurastenia pensam negativamente a respeito de si mesmas e dos outros, e às vezes, têm sentimentos de paranóia e de perseguição. Essa condição é causada pela preocupação constante, a ansiedade e a insônia, assim como pela alimentação. Sob condições extremas os pacientes podem agir como psicóticos, e até se suicidarem. A excessiva indulgência sexual, as fantasias fúteis e o uso de drogas alucinógenas ou outras drogas que enfraquecem o sistema nervoso também causam essa doença.

Além da psicoterapia regular, a massagem é ótima para esses pacientes. Eles precisam relaxar e fortalecer seus sistemas nervoso, digestivo e circulatório. A massagem pode ajudá-los a ter um sono mais profundo e assim reduzir a insônia. Através da preocupação constante e da tensão, sua digestão e assimilação ficam prejudicadas. Uma boa alimentação pode ser benéfica.

Os alimentos que podem ajudar a fortalecer seus sistemas incluem o leite, o iogurte, as saladas, as frutas, as verduras, e o pão de trigo integral. As verduras verdes como espinafre, folhas e brotos de feno-grego, coentro, menta e folhas de amaranto são benéficas; alho porró, cenoura, repolho e nabo também são boas. A clorofila das verduras verdes ajuda o metabolismo dos que sofrem de neurastenia, e as uvas passas orgânicas – devido às suas propriedades laxativas e alto teor de glucose – podem ajudar a limpar os seus sistemas. As verduras de polpa, como abobrinhas italianas e outros tipos de abóbora, também são benéficas.

A massagem que inclui a fricção forte, as beliscadas, a compressão e as palmadinhas também é útil. O óleo de massagem ideal para essa condição é uma combinação proporcional de óleo de semente de abóbora e de óleo de sândalo. A aplicação de pasta de sândalo (veja a receita na nota de rodapé na página 91) na testa, nas têmporas e nos lóbulos das orelhas, ou na cabeça inteira, incluindo a coroa, as laterais, e a parte de trás, ajuda na cura dessa condição. Depois da massagem, o paciente deve tomar um banho de sol cobrindo a cabeça com folhas e galhos. Estes permitirão ao corpo absorver a luz do sol e o calor sem perturbar seu campo eletromagnético.

Em seguida à massagem, o paciente de neurastenia deve tomar um banho. No inverno, a água deverá ser morna; no verão, o banho deve ser de água fria ou ligeiramente abaixo da temperatura ambiental. A água fria fortalece os nervos. Tomar banho de rio, quando a água não estiver muito fria, também é muito útil. Pode ser feita uma massagem nas costas e na espinha usando-se óleo morno e frio alternadamente. No final da massagem poderá ser aplicada uma bolsa de água quente na região da cintura por cinco ou dez minutos. Esse tratamento poderá ser seguido de uma boa fricção com uma toalha fria. A alternância de frio e quente fortalece o sistema nervoso e acelera a produção dos hormônios de crescimento. Caminhadas regulares pela manhã, antes do sol nascer, são muito eficazes para equilibrar a química do corpo e trazer alívio. Folhas de ouro com mel também podem ser ingeridas, como um eficaz tônico para os nervos*.

Pressão Sanguínea Elevada

Vida desregrada, excesso de peso, ócio, inércia, comer muita gordura, óleo, manteiga e ghee, fumar e beber são as principais causas da pressão alta. O colesterol alto, a ingestão de temperos picantes e de pickles, e de alimentos pesados – inclusive o excesso de nozes como amêndoas e castanhas, quando o sistema possui um fogo digestivo insuficiente para processá-los – podem causar bloqueios no sistema circulatório. Isso força o coração a trabalhar mais para bombear o sangue através dos vasos capilares contraídos. Para se conseguir uma cura completa devem ser realizadas mudanças de estilo de vida. Bons hábitos a serem adotados são comer só o que se consegue digerir facilmente, e se empenhar em exercícios físicos, o que estimulará o fogo digestivo, a circulação e fortalecerá os nervos. Os níveis de colesterol podem cair ao se adotar uma dieta de sopas de abobrinha e de gengibre (1colher de chá de gengibre fresco ralado por porção) durante duas semanas, seguida de uma dieta de uma semana de sucos frescos – papaya, melão, ou cenoura. Não se deve tomar menos de 3/4 de suco por dia. Cada noite, durante a dieta, deve-se tomar um copo de leite morno com uma pitada de açafrão e algumas tâmaras para adoçá-lo, se assim se desejar.

A massagem, em conjunto com as mudanças no estilo de vida, é um remédio muito eficaz para a pressão alta (e baixa), e deveria ser feita regularmente. O óleo de amêndoas ou o óleo de sementes pretas de gergelim, tirados de um frasco amarelo, deveriam ser misturados com uma mesma proporção de óleo de mostarda ou de oliva, para esse tratamento. Para dar ao óleo um aroma agradável e torná-lo suave ao coração, deverá ser acrescentada metade de uma colher de chá de óleo essencial de rosas. A massagem com óleo de sândalo misturado com óleo de gergelim preto tirado de um frasco amarelo também é muito eficaz para os pacientes que têm pressão sanguínea elevada.

As pessoas que têm pressão alta (ou baixa) nunca devem receber uma massagem na cabeça. Ao receber uma massagem de corpo inteiro, o praticante deve começar a trabalhar a partir dos pés para ajudar a conectar o receptor ao corpo físico, e depois continuar a massagem a partir da cintura, massageando o tronco. Uma massagem dos pés antes de dormir é muito benéfica para as condições da pressão sanguínea. Deve ser aplicada uma pressão suave e leve durante um certo tempo, num ambiente aconchegante. Para aumentar a eficácia, pode ser acrescentado o

*Apesar das folhas de prata serem facilmente encontradas nas lojas indianas, a folha de ouro não é tão acessível. Se você encontrá-la tome uma folha de ouro puro com uma colher de chá de mel.

suco de meio limão, que foi deixado ao sol por uma hora num frasco amarelo, a ¼ de xícara das misturas de óleo usadas para a massagem.

O paciente pode também beber suco de limão e água, armazenado em frascos amarelos. Não se deve tomar mais de ½ xícara de uma vez. Para preparar o suficiente para 6 doses, misture o suco de 1 ½ limões com 3 xícaras de água e tome ½ xícara a cada 2 horas.

Na Índia, o uso de um colar de contas *rudraksha* (um colar feito de amoras de *Elaeocapus ganitrus*) é um costume bem conhecido para a cura da pressão alta. Caso não seja encontrado um colar inteiro, deve-se usar algumas contas *rudraksha* enfiadas num barbante vermelho ao redor do pescoço. Uma caminhada matinal, assim como a massagem dos pés antes de dormir, devem tornar-se parte da rotina diária do paciente.

Pressão Sanguínea Baixa

Essa condição é provocada pela insuficiência de nutrientes no corpo, devida à circulação sanguínea deficiente. Devem ser ingeridos alimentos que ajudam na produção do sangue, e adotados métodos que eliminam as toxinas do sangue. A massagem é um método eficaz de purificar e estimular o sistema circulatório. Também fortalece o sistema digestivo e ajuda o corpo, quase da mesma forma que os exercícios.

Para os pacientes com pressão baixa, deverá ser aplicada uma pressão de massagem forte, mas suportável. Os laticínios devem ser evitados, ou não tomados até 3 a 4 horas depois da ingestão de peixes, ovos ou outros alimentos não vegetarianos. As porções de saladas, frutas e sucos de frutas devem ser aumentadas. A dieta só de sucos frescos, como de papaya, cenoura, manga ou melão, durante uma semana, é muito útil.

A massagem com uma colher de sopa de óleo de gergelim ou de amêndoas, guardado num frasco amarelo, combinado com ¼ de xícara de óleo de mostarda ou de oliva, é muito benéfica. Ao óleo pode ser adicionado um pouco de suco de limão, deixado ao sol durante uma hora num frasco amarelo. O óleo de sândalo ou de rosas pode conferir à mistura um aroma agradável e também suavizar o coração. Os exercícios respiratórios, as caminhadas matinais e a comunhão com a natureza podem ser úteis. Para os que toleram leite, um copo de leite morno com 10 ou 12 grãos de açafrão e 1 colher de chá de óleo de amêndoas na hora de dormir faz muito bem. Passas orgânicas normais e passas munnaquka, feitas a partir de uvas grandes, secas, devem ser comidas algumas vezes todos os dias.

Os pacientes com pressão baixa devem massagear os pés com creme de cera de abelhas (veja páginas 133-34) todas as noites antes de dormir. A massagem de corpo inteiro reduz a sensação de abatimento no coração e a depressão, que muitas vezes são as grandes dificuldades para quem tem pressão sanguínea baixa. O uso de contas de rudraksha também é benéfico.

Ciática

A ciática é uma condição muitas vezes encontrada em pessoas de temperamento vata, na qual o nervo ciático, que desce da espinha lombar até a ponta do calcanhar e dos artelhos, fica inflamado ou comprimido por causa do vata irritado. Essa condição às vezes priva as extremidades inferiores da locomoção. Surge a dor nas nádegas, na parte de trás da perna e do tornozelo, e às vezes na região da cintura. Uma fricção ampla no ponto do ciático perto do tornozelo (o marma gulpha) com pequenos movimentos circulares pode proporcionar algum alívio. A aplicação de uma bolsa de água quente no local da dor, na articulação do quadril, da cintura, da coxa ou do tornozelo também é benéfica. Mesmo que a fricção no local da dor por um período mais amplo de tempo produza calor, ele não é suficiente. Receber uma massagem à luz do sol, ou tomar um banho de sol depois da massagem pode ajudar muito.

O massagista deverá usar técnicas de fricção, de compressão profunda e de amassamento nos pontos doloridos. Acrescente ¼ de colher de chá de noz moscada ralada e torrada a ¼ de xícara de óleo de massagem curado de um frasco amarelo. Filtre e aplique essa mistura nos pontos doloridos. Também poderá ser aplicada na área afetada uma pasta de sementes de feno-grego em pó com água, passada sobre uma tira de pano. Na massagem do corpo inteiro, o praticante deve usar uma mistura de ¼ de xícara de óleo de gergelim tirado de um frasco amarelo, e 2 colheres de sopa de óleo mahanarayana ou 1 colher de sopa de óleo de arnica. Deve ser acrescentada uma colher de sopa de óleo de mostarda no qual as sementes de feno-grego foram tostadas. Também é muito bom comer brotos de feno-grego, óleo de oliva, e alho nas saladas.

Paralisia

Muitas vezes tendo como causa um vata afetado ou desarranjado, essa condição pode afetar as pernas, os braços, e a cabeça, sucessivamente, ou estender-se por todo o corpo e desarranjar todos os dhatus. A massagem é a única técnica que pode trazer de volta à vida uma área paralisada ou inerte. A aplicação de óleo de amêndoas tirado de um frasco amarelo é muito benéfica em casos de paralisia. O suco de laranja e o leite (tomados em intervalo mínimo de uma hora) são ambos muito bons para essa condição.

São necessárias várias massagens diárias por um longo período de tempo para se obter algum alívio. A cada dia o massagista deve usar uma combinação de óleos diferente, como mostraremos na listagem a seguir. Note que o óleo principal – o primeiro óleo listado no início de cada relação – deve já ter sido curado num frasco amarelo.

1° Dia: 1 colher de sopa de óleo de amêndoas misturada com ¼ de xícara de óleo de mostarda.
2° Dia: ¼ de xícara de óleo de amêndoas misturado a 1 colher de sopa de óleo de peixe.
3° Dia: 1/8 de xícara de óleo de amêndoas misturado a 1/8 de xícara de óleo de oliva.
4° Dia: 1/8 de xícara de óleo de amêndoas misturado a 1/8 de óleo mahanarayana.
5° Dia: ½ xícara de óleo de amêndoas misturado a 1 colher de sopa de óleo da gordura de uma ave aquática.
6° Dia: Inicie o ciclo novamente com o 1° Dia.

O praticante deverá ser capaz de observar qual das misturas produz um maior alívio, e então usá-la com mais frequência. A alternância das massagens quente e fria* melhora a circulação. Uma boa dieta vegetariana e os banhos de sol ajudam numa recuperação rápida. Também

* Massagens feitas com as mãos quentes e óleo quente, ou as mãos frias e óleo frio.

devem ser usados pós de gemas preciosas que nutrem os dhatus*. Se o paciente for fraco, ou idoso, pode ser acrescentado óleo de amêndoas de um frasco vermelho ao óleo básico de massagem, ou às saladas das refeições.

Polio

Uma doença basicamente contraída por crianças, a poliomielite é causada por uma circulação deficiente, que por seu lado pode ter sido causada por condições peculiares, como infecções virais. O vayu desarranjado pode causar a atrofia de músculos e ossos. A massagem com óleos medicinais, feita preferencialmente quatro vezes ao dia à luz do sol ou sob uma luz alaranjada, pode ajudar a curar a Polio. Em seguida à massagem, o paciente deverá sentar-se dentro de uma banheira cheia de água quente durante 3 minutos, e depois aplicar compressas de água quente e fria alternadamente, por um minuto mais ou menos, a cada 20 minutos. A área afetada deverá ser massageada com uma mistura de quantidades iguais de óleo de peixe e óleo de amêndoas ou de sementes de gergelim preto, retirados de um frasco amarelo, alaranjado ou vermelho. Também pode ser aplicada na área uma mistura de óleo de mahanarayana e de sementes pretas de gergelim, mantidas num frasco amarelo, alaranjado ou vermelho. O resto do corpo deverá ser massageado com óleos normais de massagem, como os de amêndoas, gergelim, mostarda ou oliva.

A paciência é um ingrediente essencial da parte de ambos, o praticante e o paciente, pois podem ser necessários muitos meses de massagens antes que sejam observadas melhoras. A massagem realizada 4 vezes ao dia e o uso de alho e de sementes de feno-grego na alimentação pode ajudar, mas num grau limitado. A recuperação completa é um milagre, que não ocorre com todos os pacientes.

Insônia

De acordo com o *Sushruta Samhita*, a insônia é causada pelo vata ou pelo pitta (vento ou bile) agravados. A insônia também pode ser provocada por um estado mental depressivo, a perda de fluido vital, uma mágoa ou ofensa . As medidas que promovem o sono devem ser colocadas em ação, como massagear os pés antes de dormir, untar o corpo** e massagear a cabeça com óleo de sementes de abóbora, óleo kahu, ou uma mistura de ambos, em partes iguais. Massagear o corpo delicada e suavemente, usando cremes limpadores, shampoos, e alimentar-se de bolos e massas, leite e uvas, ajudará o paciente a recuperar-se rapidamente, assim como o fará também um leito macio e agradável. Essa condição da insônia, se for permitido que se prolongue por muito tempo, pode causar um colapso nervoso. Os ritmos do corpo ficam perturbados quando se age contrariamente às leis da natureza. Dormir tarde e acordar tarde; ter um trabalho desinteressante; hábitos irregulares de vida; ansiedades, estresse, e tensões – são estas as principais causas da insônia.

*Os pós de lápis lázuli, de safira azul, e óxido de turmalina são benéficos para a paralisia.

** Assim como untar-se com creme de cera de abelha, óleo de sândalo, de rosas ou de jasmim.

Muitas vezes, as pessoas que trabalham menos com os corpos do que com as mentes sofrem desse mal. A fadiga mental causa um distúrbio no sistema nervoso, impedindo o relaxamento ou o sono. Fumar, comer tarde da noite, ler livros excitantes, e morar em apartamentos fechados podem causar insônia, assim como as palpitações cardíacas e os sentimentos de culpa ou de excitação.

O som suave de um instrumento musical indiano chamado tamboura, ou qualquer outro som suave, contanto que não seja eletrônico, produz a cura completa dessa condição sem o uso de quaisquer drogas. Geralmente essa música é mais eficaz quando tocada enquanto o paciente está recebendo uma massagem relaxante, no corpo inteiro, nos pés ou na cabeça.

Charaka, o autor do *Charaka Samhita*, nos dá uma descrição bem vívida do sono:

Quando o eu ativo da pessoa
Cansado no corpo e na mente
Perde o contato com seus trabalhos mundanos
O sono vem até ele.
Todos os prazeres e dores, a saúde e a doença
A vitalidade e a fraqueza, o crescimento e a decadência
A sabedoria e a ignorância, até mesmo a vida e a morte
Vem até nós através do sono.

Quando acordamos de uma noite de sono sentindo que a doença se insinuou dentro de nós durante a noite, nosso sono pode ser classificado como produzido por:

- Tamas (inércia, peso)
- Aumento de muco no corpo
- Tensão física e mental
- Sono fora de hora
- Doença

De acordo com o *Sushruta Samhita*, o sono é a energia impalpável de toda a divindade permeativa, e naturalmente exerce sua influência em todos os seres criados. O tipo de sono que surge quando os nervos sensoriais (nervos que transportam as sensações) do corpo são obstruídos por sleshma (muco), abundante sob a forma de tamas, é conhecido como sono tamásico. É o sono que produz inconsciência no momento da dissolução ou da morte. Um homem de temperamento tamásico dorme dia e noite; um de temperamento rajásico dorme de dia ou de noite; as pálpebras de um homem de temperamento sattvico nunca são visitadas pelo sono antes da meia noite. Aqueles com o kapha fraco ou vayu agravado, ou aqueles que sofrem de problemas físicos ou mentais, costumam ter pouco sono, ou até nenhum. Essas pessoas só dormem quando estão exaustas, e é o único momento em que param de pensar em seus problemas.

O sono durante o dia é proibido em todas as estações do ano, de acordo com Ayurveda, exceto no verão, no caso das crianças e dos idosos, daqueles que têm uma sexualidade superindulgente, e os alcoólatras crônicos. Os homens que sofrem da perda de gordura, de muco, de sangue, ou de indigestão, também são exceções; entretanto, devem somente dormir durante uma muhurta (48 minutos). Também aqueles que ficaram acordados até tarde devem dormir durante a metade do tempo em que ficaram acordados. Dormir durante o dia agrava todos os três doshas do corpo e produz condições adversas, como tosse, asma, catarro, sensação de peso, dores ou lassitude nos membros, febre e perda de apetite.

O sono surge naturalmente à noite devido à posição da Terra e ao efeito da gravidade. Este sono é Divino. Limpa coisas ruins da mente através dos sonhos; melhora a saúde, o estímulo, a vitalidade e a sabedoria, além de melhorar o conhecimento de nosso Eu. Nesse sono natural, o corpo se reorganiza. Só esse sono é genuíno. Outros tipos de sono são causados pelo aumento de tamas e devem ser evitados.

As caminhadas matinais, a massagem nas costas e na cabeça durante o dia, e as massagens nos pés e na cabeça antes de dormir, tudo isso é muito útil no combate da insônia. O praticante deve ser alguém muito estimado ou admirado pelo paciente. (Nos casos de insônia a auto-massagem não ajuda muito). Trinta minutos depois da massagem o paciente deverá tomar banhos ou duchas frios e quentes, alternadamente, de somente 2 minutos de duração cada. Antes de banhar-se, a cabeça do paciente deverá ser enxaguada com água à temperatura ambiente e enrolada numa toalha úmida.

Bronquite

Essa condição é muito comum em pessoas com constituição kapha. A Ayurveda recomenda o vômito terapêutico como um método eficaz de cura porque ele remove o excesso de muco do corpo e alivia todo o sistema. Também é útil uma massagem da caixa torácica e da região do peito com óleo tirado de um frasco amarelo misturado em quantidades iguais com óleo de gergelim preto ou de mostarda. O óleo de gergelim combinado com 10 gotas de óleo de eucalipto também pode produzir algum alívio.

Capítulo Sete

A Massagem Durante a Gravidez

A gravidez é uma condição muito especial. Durante esse período a mulher passa por uma série de mudanças, tanto de metabolismo quanto mentais. Na melhor das circunstâncias ela deverá tornar sua musculatura mais flexível e macia antes da gravidez, através de exercícios como as asanas do yoga e do pranayama, através das massagens e do estudo da alimentação. Mas mesmo se ela não tiver se preparado antes para esse evento tão significativo, os três primeiros meses da gravidez devem ser dedicados a isso. Devem ser aprendidas técnicas de relaxamento e de meditação, pois elas aumentarão a serenidade, tão necessária para se tornar uma boa mãe. Durante a gravidez a mulher experimenta uma ligação muito íntima entre o seu corpo e a sua mente. Ela também precisa manter a harmonia no interior de seu corpo e sua mente.

As práticas da massagem, das asanas do yoga, do pranayama e da meditação afetam o organismo inteiro e promovem uma ótima saúde para o corpo e a mente. Elas unificam as partes física, emocional e espiritual de uma mulher grávida, produzindo um ambiente químico melhor para o crescimento do bebê dentro dela. Essas práticas também aumentam a possibilidade de uma recuperação mais rápida depois do parto.

Massagem Abdominal / Espinhal com Asanas: Primeiros Três Meses

Uma boa massagem, acompanhada por asanas específicas como *matsyasana* (postura do peixe), *shashakasana* (postura do coelho), *hamsasana* (postura do cisne) e *ushtrasana* (postura do camelo), assim como os exercícios de pranayama, fortalecerão os músculos abdominais. Essa combinação de práticas ajudará a futura mãe a carregar o bebê em sua barriga e também o correto desenvolvimento do feto. Os músculos abdominais tem um papel importante durante o parto para empurrar o bebê através do útero. Durante os três primeiros meses o praticante da massagem deve concentrar-se no abdômen e na espinha. É a massagem na espinha e as asanas do yoga que aumentarão a flexibilidade da espinha durante esse período. Uma espinha forte é essencial porque ajuda a mulher grávida a carregar o peso extra; também evita os ombros caídos, que podem ser vistos, muitas vezes, durante a gravidez. A massagem também fortalece os nervos, e um sistema nervoso que funciona bem ajuda o feto a se desenvolver e a crescer. O *paschimottanasana* (inclinação para frente) e o *surya namaskar* (saudação ao sol) são asanas ideais para serem praticadas durante os três primeiros meses da gravidez. Essas posturas ajudam a aliviar a tensão extra exercida nas costas e nos músculos pélvicos causada pelo peso do feto em crescimento.

Devem ser realizadas massagens com óleo nas regiões da espinha e do abdômen na seguinte sequência: primeiro o praticante deve se concentrar na pélvis, depois na espinha, e finalmente nos músculos abdominais. A flexibilidade na região pélvica ajuda a promover um parto mais fácil, enquanto que a massagem nos músculos das costas fortalece a área e ajuda a mãe a suportar o peso extra do bebê. As posturas de cócoras e de pernas cruzadas, de todos os tipos, ajudam a fortalecer a pélvis; também produzem um maior relaxamento e flexibilidade, e facilitam o parto.

Massagem das Costas com Exercícios de Relaxamento: Os Últimos Seis Meses

Depois do terceiro mês de gravidez devem ser reduzidas todas as asanas do yoga mais extenuantes, ou aquelas que requerem a manipulação de músculos. No norte da Índia, as mulheres não praticam posturas de asanas do yoga depois do terceiro mês de gravidez, com exceção de flexões e alongamentos suaves. As únicas práticas que podem ser realizadas até o momento do parto e depois dele são as posturas já mencionadas (matsyasana, shashakasana, hamsasana, ushtrasana, paschimottanasana), surya namaskar, massagens, pranayama , técnicas de relaxamento e meditação.

De acordo com o *Sushruta Samhita*, uma mulher grávida deveria evitar o seguinte: qualquer tipo de esforço físico, de jejum, de cochilo durante o dia, dormir tarde à noite, indulgência quanto à tristeza e ao medo, viagem em carroças, relações sexuais, e retenção voluntária de quaisquer necessidades naturais.

Qualquer coisa que possa afetar adversamente a posição do bebê no útero também deve ser cuidadosamente evitada. A massagem nas costas – isto é, a massagem da pélvis, da espinha e dos músculos das costas – deve ser enfatizada nesse período. Esta massagem deve ser complementada por exercícios simples de respiração profunda (pranayama) ou outras práticas de relaxamento.

Há muitas variedades de práticas de pranayama, ou exercícios de controle da respiração, recomendadas às praticantes de yoga não-grávidas. As mulheres grávidas devem praticar um tipo de pranayama conhecido como *bhastrika* (respiração abdominal) ou um exercício mais fácil, conhecido como *surya bhadan*. O surya bhadan começa com a inspiração do ar pela narina direita contando-se até dois, depois segurando-se até oito, e com a expiração do ar contando-se até dois. As mulheres grávidas devem ter certeza de não segurar o ar por mais tempo do que lhes seja confortável. Essa prática deve ser relaxante e suave.

A respiração profunda ajuda na eliminação de toxinas e de produtos descartados do corpo. Também serve para produzir mais oxigênio e materiais nutrientes para a mãe e o filho. Em outro nível, a respiração profunda ajuda na concentração da mente, purifica e acalma o sistema nervoso, e melhora o ambiente químico dentro do corpo da mulher grávida. Como o pranayama relaxa o corpo e a mente, ele pode ajudar a diminuir as dores do esforço, que dominam a mente por ocasião do parto. Além de ajudar a parturiente a suportar a dor, a respiração profunda ajuda a empurrar a criança para fora do útero. Por causa da sua natureza rítmica, o pranayama promove um ritmo no sistema que ajuda a harmonizar as forças corporais. A combinação de uma espinha saudável – fortalecida pela massagem – e a respiração rítmica, afasta o medo que produz a tensão e não bloqueia o processo natural do parto. A dor é um instrumento natural criado pela natureza para ajudar no nascimento e não pode ser totalmente eliminada; mas a massagem e o pranayama permitem à mulher grávida suportar melhor a dor e manter um estado de equilíbrio emocional.

Depois dos três primeiros meses de gravidez, a massagem da mulher grávida deverá incorporar exercícios de relaxamento. Muitas mulheres vivenciam emoções intensificadas durante a gravidez, principalmente depois do terceiro mês; elas podem também cair numa depressão súbita. O relaxamento ajuda a diminuir esse estresse emocional. Depois de completar cada segmento da massagem nas costas – na pélvis, na espinha, e nas costas – o praticante deverá dar ao receptor um certo tempo para a prática de exercícios de respiração simples, como os descritos anteriormente, ou um dos seguintes exercícios de relaxamento: *yoga nidra* (sono ioga), shavasana (a postura de cadáver), a contagem das respirações, ou a repetição mantra.

Yoga nidra é uma prática que produz um estado de relaxamento profundo. Para chegar a esse estado, uma conscientização do corpo induz o relaxamento da mente. Isso ocorre pela auto-sugestão: a mente se envolve na observação do corpo à medida em que ele vai relaxando, progressivamente, desde os artelhos até o topo do crânio. Para praticar a postura yoga shavasana, o receptor deve simplesmente deitar de costas, com os braços e as pernas ligeiramente separados do corpo, e respirar lentamente, usando a respiração abdominal completa. (Veja na página 55 uma transcrição das instruções para o shavasana). Outra técnica de relaxamento fácil de realizar é simplesmente contar a própria respiração. Idealmente isso é feito na proporção 1:4:2. Por exemplo, inspirando contando 2 tempos; retendo o ar na contagem de 8 tempos, e expirando na contagem de 4. Alternadamente, a combinação da repetição de um mantra com a respiração pode ser muito útil para se induzir o relaxamento profundo. Até mesmo a simples consciência da respiração profunda ajudará a acalmar a mente e o sistema nervoso, e evitar uma crise emocional.

A alternância das três fases da massagem nas costas com os métodos de relaxamento aqui descritos é muito benéfica. Ajuda na liberação dos hormônios de crescimento na proporção correta, e será muito útil no desenvolvimento correto do feto. Essa combinação dinâmica promove a vitalidade na futura mãe, tornando-a capaz de fornecer, com mais eficiência, energia prânica e oxigênio ao feto em desenvolvimento. Também aumenta a paz e a harmonia na mãe e no filho.

Estágios da Gravidez

Primeiro e Segundo Meses

De acordo com o Sushruta Samhita, durante o primeiro mês de gravidez só se forma, no útero, uma substância gelatinosa. Essa informação, assim como outras informações fornecidas pelo Sushruta nesse texto, é confirmada pela ciência médica. O Sushruta afirma que aproximadamente seis ou sete dias depois da concepção, o novo organismo se encaixa na bolsa do útero. Ao redor da sétima semana o embrião assume uma forma reconhecível. O texto prossegue, dizendo que no segundo mês o embrião assume uma forma que pode ser de um torrão, no caso de um bebê do sexo masculino, ou alongada, que indica uma criança do sexo feminino. De acordo com a ciência médica, os membros aparecem como pequenos tocos no embrião quando ele ainda tem menos de um mês de idade, e o coração começa a bater alguns dias antes do final do primeiro mês.

Em resumo, é durante a sétima semana – o final do segundo mês de gravidez – que o embrião humano assume uma forma reconhecível. Nesse momento o cérebro já está formado, com a capacidade de coordenar os outros órgãos do corpo através de impulsos elétricos. O crescimento durante esse período é rápido, mas irregular. O esqueleto começa a se desenvolver depois do quadragésimo sexto ao quadragésimo oitavo dia, o que significa que o corpo da mulher grávida precisa de mais cálcio e outros minerais.

Durante esse período é necessária uma massagem correta nas costas e na região abdominal, e a futura mãe deve relaxar e só realizar tarefas domésticas leves. Deve também praticar exercícios de respiração profunda e de meditação, sempre que possível.

O praticante deve passar mais tempo massageando as suas costas, assim como as coxas, as barrigas das pernas, os tornozelos e os pés. O uso do óleo deve ser reduzido, pois o óleo, para ser absorvido pelo corpo, precisa de muita fricção, causando um aumento de tensão no corpo de uma mulher grávida e rompendo seu padrão respiratório normal. Ao invés de aplicar o óleo diretamente no corpo, o praticante deverá lubrificar as mãos com óleo suficiente para permitir a suavização da fricção, da compressão, do amassamento e do beliscamento do corpo. Na Índia o óleo mais usado é o de mostarda, antes e depois do parto, apesar dos óleos de amendoim e de coco também serem usados. O praticante deve obedecer às preferências da futura mãe, se ela quiser usar outro óleo, por causa do aroma, ou outras razões.

Terceiro e Quarto Meses

Durante o terceiro mês o feto desenvolve os músculos e consegue mover os membros. Entretanto o movimento ainda é fraco, e a mãe não consegue senti-lo.

De acordo com o Sushruta Samhita, no quarto mês todos os membros e órgãos do embrião ficam mais fortes e o feto adquire consciência, por causa da formação do coração. O coração é o assento da consciência; através desse veículo o feto expressa seu desejo pelos prazeres sensoriais – como as coisas de sabor e aroma – através das vontades da sua mãe. Esse mês é importante para o praticante, porque a partir desse momento ele deverá obedecer as instruções da futura mãe a respeito da escolha do óleo e do perfume, porque as preferências do bebê poderão ser conhecidas através da mãe.

Durante esse período deverão ser feitas massagens suavizantes e relaxantes, na cintura, nas costas, na espinha e nas regiões abdominais. As pernas e ombros também precisam de um pouco de fricção, de compressão e de amassamento. Próximo ao final do quarto mês o feto ganha cerca de metade da altura que terá ao nascer.

Quinto e Sexto Meses

No quinto mês, os movimentos do feto podem ser claramente sentidos e detectados pela futura mãe. Durante o sexto mês a criança é dotada de mente; ela dorme, acorda consciente de sua existência subconsciente, e muda de posição. Também começa a acumular gordura e desenvolver unhas. A atividade dentro do útero aumenta durante esse período; a criança cresce até o comprimento aproximado de 30 centímetros e pesa entre 350 e 550 gramas.

No sexto mês, desenvolve-se a faculdade da cognição. A criança é capaz de responder ao ambiente externo do útero. A massagem da cintura, das costas e da espinha devem ser feitas suavemente e por um período maior de tempo, e deve terminar com a fricção e a compressão de ombros e barrigas das pernas. A região abdominal não deve ser massageada depois do quarto mês; deve ser somente friccionada muito suavemente.

Sétimo, Oitavo e Nono Meses

Durante o sétimo mês, todos os membros já estão claramente desenvolvidos. Os últimos três meses são o período em que se completa o aspecto físico do desenvolvimento no útero – a criança cresce, ganha peso, e adquire controle muscular. O objetivo da massagem e do exercício respiratório durante esse período é de eliminar a tensão e o estresse, fortalecer a espinha e eliminar as toxinas.

A massagem melhora a circulação e ajuda a purificar o sangue. Os exercícios de respiração profunda e o pranayama, combinados com a massagem, produzem vitalidade, assim como o oxigênio e os anticorpos necessários para o sistema imunológico da criança. A massagem deve continuar até o início das dores do parto. Durante as contrações a futura mãe deve receber uma massagem de relaxamento para reduzir o medo, as tensões e os bloqueios produzidos pelo medo. A parturiente deve ser massageada nos ombros e no pescoço para reduzir a tensão. Essa área deve ser tratada com mais suavidade do que antes do início das dores. Por outro lado suas costas, sua cintura e a pélvis podem ser massageados em mais profundidade do que o que foi aconselhado depois do quarto mês e antes do início do trabalho de parto. As pernas e barrigas das pernas não devem ser massageados durante o parto.

105

A futura mãe deve sentir-se segura e protegida nesse momento. Deve-se pedir a ela que visualize o nascimento do bebê ou que se concentre num yantra de nascimento. Qualquer uma dessas formas de concentração ajuda a promover um parto rápido, quando feita assim que a dor do parto em si começa. O yantra da figura 105 é muitas vezes desenhado com tinta vermelha numa placa de metal e colocada diante da parturiente. Esse tipo de meditação ajuda a mulher a superar seus medos desviando sua atenção da dor. O relaxamento resultante permite à criança nascer mais facilmente.

Depois do Parto

Em seguida ao nascimento do bebê, deve-se permitir que a nova mãe relaxe durante três ou quatro dias. Depois desse período, ela deve retomar as massagens e os exercícios de respiração profunda, e prosseguir por mais quarenta dias. Esse período de tempo pode ser prolongado, mas não reduzido. Na Índia, tanto o recém-nascido quanto a mãe recebem massagens com a mesma regularidade com que recebem os alimentos e a nutrição. O valor da massagem como instrumento de purificação é especialmente importante nesse momento, pois nem a mãe e nem a criança podem realizar exercícios físicos cansativos.

O corpo de uma mulher sofre uma série de tensões físicas e mentais durante o processo do parto. Há dor antes e depois do parto. Além da massagem no abdômen, a massagem pós-parto que se concentra nas barrigas das pernas, na cintura, nas costas, no pescoço e nos ombros ajuda o corpo da nova mãe a se reorganizar e a relaxar, promovendo um rápido restabelecimento. Durante os últimos quatro meses de gravidez, a musculatura da região abdominal se estica à medida em que o feto cresce. A massagem regular com óleo pode ajudar os músculos a recuperar suas formas originais após o parto.

Nos tempos modernos, as novas mães acham que não podem ficar quarenta dias descansando; esse descanso só é possível para as mães que vivem em famílias numerosas. Quando se nega a ela esse descanso, criam-se problemas relacionados ao estresse e à tensão, que por seu lado destróem os sentimentos naturais de romantismo da mulher. A estrutura social em que as mulheres vivem pode ter mudado com as transformações da economia, mas a musculatura abdominal pós-parto das mulheres não mudou. Hoje em dia podemos até ter um padrão de vida melhor, mas estamos perdendo nossa saúde física e mental. De qualquer forma com que se realize a tarefa da recuperação, não podemos negar à nova mãe o descanso de que ela tanto precisa. Na tradição hindu, considera-se que a nova mãe entra num processo de purificação natural durante os quarenta dias que se seguem ao parto. Não se permite que reze ou que cozinhe nesse período. Depois do término desse período, ela é banhada. Isso serve como uma declaração oficial de que ela está pronta para reassumir os trabalhos domésticos e sua rotina normal de ofícios religiosos. Durante seu período de resguardo de quarenta dias, ela recebe alimentos nutritivos, massagens, e pratica exercícios leves. Em nossos tempos, precisamos tomar cuidado para não destruir nossa vida conjugal negando à nova mãe seu descanso mais desejado e suas massagens com óleos. Isso apressará seu restabelecimento e deixará seu espírito mais leve.

106

107

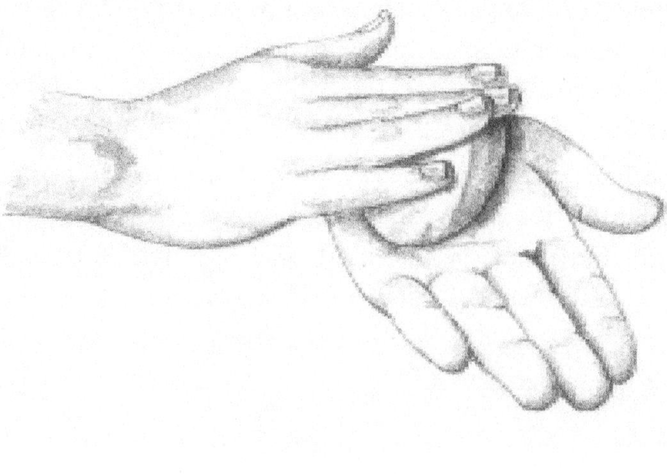

108

Capítulo Oito

Massagem em Bebês

A massagem em bebês recém-nascidos possui uma longa tradição na Índia. Assim como a massagem na nova mãe, a massagem no recém-nascido – pelo menos no início – também é um fenômeno necessário. De acordo com o *Sushruta Samhita*, recomenda-se uma massagem de limpeza logo após o nascimento – antes do corte do cordão umbilical – para limpar os restos da membrana que cobre o corpo do bebê. Tradicionalmente isso é feito rolando-se uma bola de massa de pão sobre o corpo. Uma bola de massa macia, do tamanho aproximado de um limão, pode ser feita de farinha de trigo integral fina e fresca, com água. Enquanto se forma a bola, adiciona-se um pouco de óleo de amêndoas para torná-la macia e nutriente para a pele do bebê (veja figs. 106, 107 e 108). (Esse óleo suplementa o óleo que já está presente no próprio grão de trigo). Uma pitada de açafrão da Índia também pode ser acrescentada ao trigo para ajudar a fortificar a pele e protegê-la contra infecções. Ao invés de ser friccionado com as mãos, o corpo do bebê recém-nascido é friccionado suavemente com essa bola de massa. (Se os ingredientes forem difíceis de serem encontrados, pode ser usado qualquer pano macio e limpo. Não precisa ser colocado óleo no pano). A textura da bola, que fica aquecida através do contato com as mãos humanas, é muito semelhante em temperatura e consistência, à carne humana. Pouco antes de esfregar a bola no corpo do bebê, ela deve ser mergulhada num pouco de óleo de amêndoas, o que faz os restos de membrana colarem na bola. Depois desse procedimento, deve-se limpar o muco da boca do bebê. O *Sushruta Samhita* recomenda o uso do "ghee" (pode ser manteiga clareada) e sal de rocha. A limpeza da boca é feita lubrificando-se os dedos com "ghee", na qual se colocou uma pitada de sal de rocha. Depois insere-se cuidadosamente os dedos lubrificados na boca do bebê, limpando-se o muco. O *Sushruta Samhita* prossegue, dizendo que depois dessa limpeza da boca, deve ser aplicado, na cabeça do bebê recém-nascido, um pedaço de linho empapado em manteiga clareada. Então o cordão umbilical, depois de ter sido afastado suavemente do abdômen, deve ser amarrado com uma das pontas de um barbante num ponto a oito dedos do umbigo, e a outra ponta do barbante amarrada em volta do pescoço. Até esse momento o cordão umbilical é essencial à existência do bebê, pois todos os nadis importantes estão conectados a ele. Se o cordão for cortado sem ter um suporte no lado em que está conectado ao umbigo, ele cairá. Mas se a outra ponta do barbante for amarrada ao redor do pescoço do bebê, o barbante dará suporte a essa parte do cordão e ele não precisará ser tocado com os dedos ou a língua. Depois o cordão umbilical deverá ser cauterizado imediatamente acima da ligadura.

Durante os primeiros seis dias após o nascimento, o bebê deve ser limpo antes do banho com uma bola de massa fresca. A fricção com a bola de massa melhora a circulação, ajuda na eliminação de toxinas, e auxilia o sistema digestivo do bebê. Geralmente o praticante que massageia a nova mãe, também o faz com o bebê.

No sétimo dia depois do nascimento inicia-se a massagem de fato, com a bola de massa, e prossegue-se por mais três semanas. Antes disso a bola é usada como um aplicador para o óleo de limpeza do corpo do bebê. A massagem com a bola é diferente da limpeza, porque na massagem o bebê é repetidamente friccionado nas mesmas áreas, usando-se uma pressão moderada (veja figs. 109, 110, 111, e 112). Assim que a sua pele começar a ficar um pouco vermelha e a temperatura do seu corpo começar a crescer, o bebê deverá ser banhado. A bola de massa deverá ser mergulhada no óleo de vez em quando. A absorção do óleo na pele do bebê ajuda a manter os três doshas no equilíbrio apropriado.

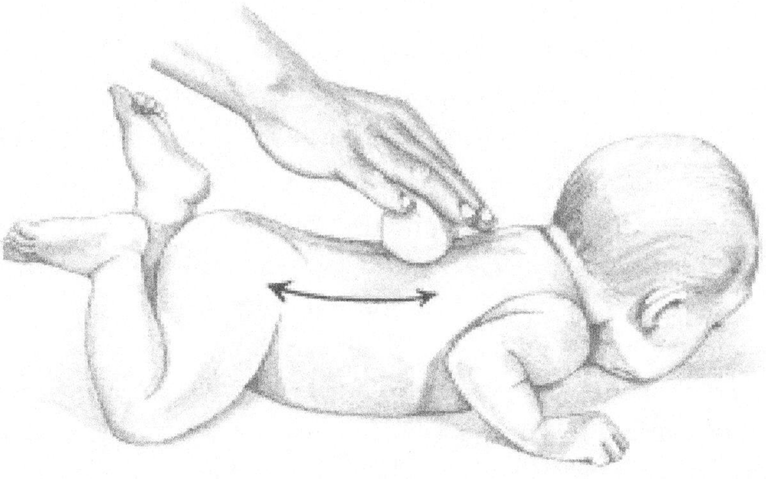

109

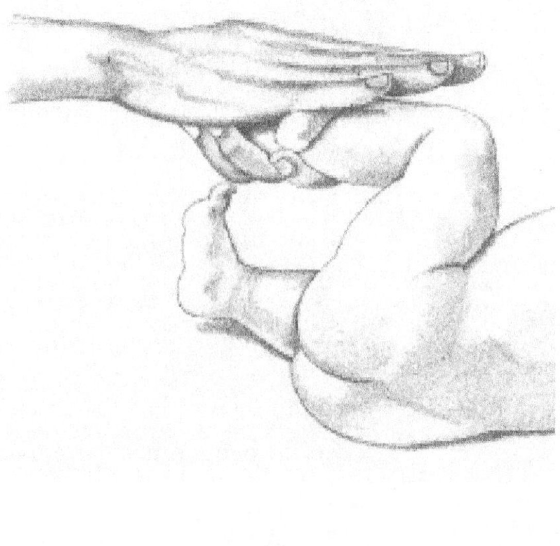

110

111

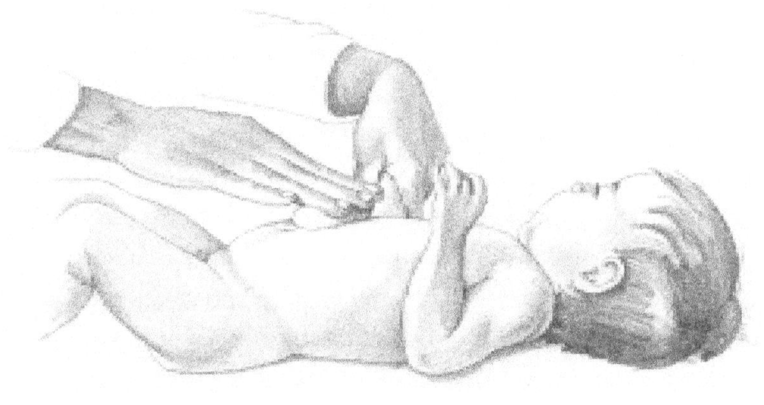

112

A massagem com as mãos inicia-se quando o bebê tem um mês, depois que uma quantidade suficiente de óleo foi absorvida, e o corpo do bebê já está mais forte. Os óleos de massagem, como o de mostarda, gergelim ou de coco, são os mais comumente usados na Índia. O óleo de mostarda é usado no inverno, o de coco no verão, e o de gergelim na primavera e no outono. Entretanto o óleo de mostarda pode irritar a pele delicada de alguns bebês, para os quais é recomendado somente os óleos de amêndoas, de coco ou de gergelim.

A bola de massa é agora usada somente como um instrumento de limpeza, e só quando necessário. Pode ser útil para remover os pelos do corpo do bebê. Se a massagem com a bola de massa não for feita durante os três primeiros meses, alguns pelos indesejáveis podem às vezes crescer no rosto, nos braços, pernas e nas costas; isso pode causar constrangimento à criança, principalmente às meninas, na adolescência.

A massagem feita com as mãos, usando-se os óleos apropriados para a estação e o dosha, deve ser constante todos os dias durante três meses. Nesse período de três meses o praticante deverá manipular os braços e pernas do bebê para mexer e exercitar os músculos. Também nesse período, o praticante deverá passar mais tempo massageando a espinha, as costas, o pescoço e as regiões da cintura, além das mãos e dos pés, pois essas partes precisam adquirir força para sustentar o corpo. Assim que o bebê começar a levantar a cabeça sozinho e a manter o peso de seu corpo sobre os braços, essas práticas podem se tornar descontínuas. No entanto, a massagem na espinha continua sendo um aspecto importante da massagem do bebê. Os genitais e o ânus do bebê devem ser massageados diariamente com óleo para prevenir infeções. No caso de um menino, a pele frontal do pênis deve ser puxada para trás, e deve-se aplicar óleo na área exposta para ajudar a prevenir infeções por fungos.

Uma compressa de algodão ou de linho embebido em óleo (mencionado na página 91) deve ser aplicada na cabeça somente durante as primeiras quatro ou seis semanas. Depois desse período, os movimentos do bebê tornam muito difícil manter a compressa no lugar. Essa prática é muito benéfica porque elimina a secura do couro cabeludo e fortalece as raízes do cabelo. Depois do período de seis semanas, o óleo deverá continuar a ser aplicado na região da cabeça durante a massagem.

Durante os três primeiros meses deve-se tocar no bebê com cuidado, e deve ser evitado qualquer desconforto. A massagem não deve ser feita ao ar livre, a menos que haja calor e sol suficientes. O bebê não deve ser despertado ou tocado subitamente enquanto estiver dormindo, pois poderá se assustar. Também não deve ser erguido ou colocado em algum lugar subitamente; isso poderá provocar um desarranjo de vayu (ar) no corpo. Qualquer tentativa de sentar um bebê antes que ele tenha se tornado suficientemente forte para sustentar-se sozinho pode criar uma corcunda (cifose).

De acordo com o Sushruta Samhita, um bebê não deve ser deixado sozinho num lugar sujo ou insalubre; não deve ser deixado sob o céu (num local descoberto), ou sobre um piso ondulado; não deve ser exposto ao calor, às tempestades, à chuva, à poeira, à fumaça ou à água fria. Uma criança criada de acordo com esses princípios, e recebendo amor e carinho, torna-se saudável, alegre e inteligente.

A massagem diária no bebê deve prosseguir por mais dezoito meses. Depois disso, ela pode ser feita em dias alternados. Entretanto, se for possível continuar com uma rotina diária de massagens, será uma grande ajuda para tornar a criança forte e feliz.

Capítulo Nove

Massagem Embelezadora

Desde os primórdios da civilização o homem tem procurado uma ambrosia miraculosa para evitar a decadência e até a morte do corpo. Sábios e mestres prescreviam *yamas* simples (regras de conduta) e *niyamas* (regras de controle interior) para manter uma química equilibrada do corpo. As posturas do yoga e o pranayama (exercícios de respiração) eram usados para manter a virilidade, a vitalidade, a flexibilidade da espinha, e a saúde dos ossos, da musculatura, dos ligamentos e dos nervos. A meditação e outros meios de se chegar a um relaxamento profundo, como a massagem, também eram recomendados para aumentar a saúde e a vitalidade. O *Sushruta Samhita* afirma que para aqueles que buscam uma saúde perfeita e um corpo vigoroso, aconselha-se o *abhang*, ou unção do corpo. Vagbhata menciona em seu *Ashtanga Hridaya* que a massagem é chamada de *ayu-kar*, quer dizer, que aumenta a longevidade. De acordo com Vagbhata, quando todas essas práticas são combinadas, elas podem ajudar um homem a viver uma vida feliz, saudável, inspirada e longa.

Emoções como o medo, a paixão, a raiva, a melancolia, a malícia, a inveja, o ciúme, o egoísmo e a indolência destróem constantemente a química do corpo. Quando o corpo fica sobrecarregado de toxinas, essas emoções negativas começam a influenciar as células do corpo, e assim a forma e a textura naturais da pele ficam danificadas. A espinha fica tensa e o brilho natural do corpo se perde; o corpo fica com uma aparência rude e feia.

A espinha é o centro do sistema nervoso e de todas as ações neuromotoras. Sua forma tem um papel importante na postura do corpo. Quando a espinha não tem uma configuração adequada, o corpo sofre. A espinha está conectada a todos os órgãos internos e é o assento dos centros psíquicos primários. Quando é massageada adequadamente a espinha libera hormônios de crescimento, que têm um papel chave na beleza física. Antes dos quarenta e cinco anos de idade, tudo o que a pessoa precisa para o seu bem-estar está contido em seu interior, e a massagem simplesmente melhora a circulação desses nutrientes a partir de dentro. Entretanto, depois dos quarenta e cinco anos, os minerais e vitaminas precisam ser acrescentados à alimentação regular sob a forma de óxidos de gemas, de pós de gemas, e rasayanas, que são tônicos rejuvenescedores feitos de ervas medicinais e plantas. A massagem na espinha pode curar muitos males provocados por vata e kapha desarranjados.

Praticando a não-violência, o contentamento, a tolerância e o perdão, a abstenção da malícia, do ciúme e da inveja; mantendo uma boa dieta vegetariana; e usando a massagem, os exercícios respiratórios e a meditação, pode-se ajudar o corpo a restaurar, em certa medida, sua beleza e seu brilho naturais. A prática da massagem, isoladamente, sem a implementação de uma mudança de hábitos e de estilo de vida, não é suficiente. Se a degeneração do corpo é causada pelo envelhecimento, então devem ser usados nutrientes e preparados rejuvenescedores especiais feitos com ervas, gemas e pós medicinais, em massagens embelezadoras. Se o envelhecimento prematuro e a degeneração são causados por doenças, então deve ser realizada a cura terapêutica dessa condição, antes da implementação da massagem embelezadora.

A massagem embelezadora pode ajudar aqueles que tem uma saúde e uma vida de acordo com os yamas e niyamas mencionados. Também pode ajudar os que se recuperam de doenças, os que tem uma pele que se tornou áspera devido a um desarranjo de vata, e os que envelheceram prematuramente por causa do stress e das tensões da vida. A massagem embelezadora pode produzir milagres em pessoas jovens, plenas de energia. A massagem descrita nesse capítulo é na verdade para pessoas de todas as idades, pressupondo-se que comam os alimentos adequados, tenham um repouso adequado, e pratiquem exercícios de respiração profunda.

Pessoas idosas que se abstêm de alimentos intoxicantes e incorretos e que praticam exercícios, terão uma aparência mais jovem, não só durante o tratamento, mas até além dele, pressupondo-se que mantenham esses hábitos.

Dieta Preparatória

O tratamento com a massagem embelezadora é um processo que dura quarenta dias. Pelo menos duas semanas antes de começar o tratamento, deve-se suspender a ingestão de carne, frango, peixe e ovos. O primeiro dia da rotina de tratamento começa tomando-se um laxante. Nos três ou quatro dias seguintes, deve-se ingerir somente sopas e *khichari*, de preferência uma mistura por igual de moong dal e arroz*. Para o resto da rotina de tratamento siga uma dieta vegetariana, comendo muitas frutas, verduras, nozes, sementes, leite, queijo e creme de leite. (Entretanto, aqueles que têm problemas de peso, devem usar laticínios em quantidades reduzidas). Os chás de ervas são úteis para ajudar na eliminação de impurezas e para purificar a química do sangue. Seguindo-se esse regime alimentar, os efeitos da massagem embelezadora se manifestarão mais rapidamente.

Antigamente havia uma prática muito popular entre reis e rainhas na Índia: o banho com leite cru e a fricção do corpo com malai (a película do leite fervido), com creme de leite ou manteiga não-processada**. As pessoas nascidas durante um ciclo ascendente da lua deveriam

* Khichari é um prato feito de arroz e dal. Uma receita de khichari poderá ser encontrada em *The Healing Cuisine* (Culinária de Cura) de Harish Johari (Rochester, Vermont: Healing Arts Press, 1994).

** O malai, o creme ou a manteiga não-processada eram esfregados no rosto, no pescoço, nas mãos, no peito e nos pés; no caso da manteiga, era esfregada no corpo inteiro.

tentar fazer isso duas semanas antes do ciclo, começando na manhã em seguida à noite mais escura. O inverso se aplica àqueles nascidos durante um ciclo descendente.

Enquanto a dieta e os cuidados faciais aqui descritos podem ser feitos pela própria pessoa e produzirão uma melhor textura e tonalidade da pele, os benefícios completos de uma massagem embelezadora não podem ser realizados sem uma massagem da espinha, do pescoço e dos ombros, realizada por um praticante especializado.

O Ambiente para o Tratamento com a Massagem Embelezadora

O massagista precisa ser uma pessoa delicada e alegre. O tratamento deverá ser realizado num recinto aquecido, fechado e aconchegante. Deve-se criar um ambiente agradável, que se torna mais aprazível ainda com a presença de flores e o uso de incenso. Deve ficar bem protegido das interrupções provocadas por chamadas telefônicas ou visitas frequentes. Durante a massagem deverá ser tocada uma música alegre e relaxante.

O massagista não deverá falar demais, porém deve estar suficientemente informado a respeito dos óleos e cremes para poder explicar seus efeitos benéficos ao receptor, caso este pergunte. Todos os produtos para as máscaras deverão ser preparados na noite anterior, pelo praticante, e armazenados em frascos de vidro num local fresco e seco, para evitar a fermentação. Todos os dias a massagem embelezadora deverá começar com o receptor abrindo bem a narina direita, dominante. Se não for este o caso, o receptor deverá deitar-se sobre o lado direito ou esquerdo, na postura fetal, até que a narina direita se abra*. (Veja os comentários sobre o relacionamento entre as narinas e o hemisfério cerebral dominante na página 55).

A massagem embelezadora dura no mínimo 80 minutos e no máximo 120, nos tratamentos que necessitam de aplicações especiais e processos de fricção. (Esses procedimentos especiais estão descritos da página 126, até a página 135) Entremeados nas massagens embelezadoras, os pequenos períodos de relaxamento duram de 35 a 40 minutos. No conjunto, o praticante deverá gastar cerca de 2 a 2 ½ horas para o tratamento completo de embelezamento, sem contar o banho ou chuveirada que se segue. O tempo de relaxamento poderá ser reduzido, mas o resultado não será o mesmo.

A rotina do tratamento dos quarenta dias está delineada na próxima tabela. Os procedimentos e fórmulas estão descritos nas páginas seguintes.

*Quando a narina direita está aberta, o corpo pode absorver os ingredientes nutritivos das máscaras e os óleos com mais facilidade. Com essa narina aberta, o corpo também fica mais protegido contra os resfriados e o agravamento de kapha.

ROTINA DE QUARENTA DIAS DO TRATAMENTO DE EMBELEZAMENTO

Dia	*Procedimento*	*Fórmula*	*Procedimento (minutos)*	*Relaxamento (minutos)*
1	Massagem embelezadora	Fórmula básica de óleo	80	40
2	Unção do corpo todo e fricção	Fórmula de unguento #5 e relaxamento seguido da fórmula básica de óleo	100	40
3	Massagem embelezadora	Fórmula básica de óleo	80	40
4	Banho de argila e massagem embelezadora	Argila úmida e relaxamento seguidos da fórmula básica de óleo	120	40
5	Massagem embelezadora e unção facial	Fórmula básica de óleo seguida de unguento da fórmula #2	90	40
6	Massagem embelezadora e máscara facial	Fórmula básica de óleo seguida de máscara de amêndoas e de creme	100	40
7	Massagem embelezadora e máscara facial	Fórmula básica de óleo seguida de máscara de amêndoas e de creme	90	40
8	Massagem embelezadora	Fórmula básica de óleo	80	40
9	Unção do corpo inteiro	Fórmula de unguento #5 seguida por relaxamento e fricção do corpo c/ óleo	100	60
10	Massagem embelezadora	Fórmula básica de óleo	80	40
11-21	Massagem embelezadora	Fórmula corporal de leite cru	80	40
22	Unção do corpo inteiro e fricção	Fórmula de unguento #5 e relaxamento seguido da fórmula corp. de leite cru	100	60
23	Massagem embelezadora e máscara facial	Fórmula corporal de leite cru seguida de máscara de amêndoas e creme	90	40
24	Massagem embelezadora	Fórmula corporal de leite cru	80	40
25	Massagem embelezadora e máscara facial	Fórmula corporal de leite cru seguida de máscara de amêndoas e creme	90	40
26-28	Massagem embelezadora	Fórmula corporal de leite cru	80	40
29	Massagem embelezadora e máscara facial	Fórmula corporal de leite cru seguida de máscara de amêndoas e creme	90	40
30	Unção de corpo inteiro e fricção	Fórmula de unguento #5 seguida de relaxamento e fórmula corp. de leite cru	100	60

31	Massagem embelezadora	Fórmula corporal de leite cru	80	40
32-34	Massagem embelezadora	Fórmula básica de óleo	80	40
35-40	Unção de corpo inteiro e fricção	Fórmula de unguento #5 seguida de relaxamento e fórmula básica de óleo	100	60

A Sequência da Massagem Embelezadora

Para uma descrição das técnicas de massagem, como palmadinhas, amassamento, fricção e pressão, veja as páginas 50-3.

Espinha (massagem de 15 minutos; 10 minutos de descanso)

Depois de verificar se a narina direita do receptor é a dominante (veja página 55), peça-lhe que deite-se de barriga para baixo sobre a mesa de massagem. Passe óleo nas mãos e comece dando suaves palmadinhas na base da espinha com as palmas das mãos. Então amasse a área com as pontas dos dedos e faça fricções ao longo da espinha com os polegares e punhos das duas mãos, sempre em direção à cabeça. Continue por 15 minutos. Cubra o receptor com um lençol ou toalha de linho ou de algodão, e descanse junto com ele em shavasana (veja página 55) durante 10 minutos. Durante esse período você poderá falar sobre coisas como hábitos corretos de vida, saúde, ou os efeitos dos alimentos na beleza e no vigor. Vocês poderão também simplesmente relaxar juntos.

Braços e Mãos (Massagem de 30 minutos; e 10 minutos de descanso)

Unte novamente as suas mãos e inicie as palmadinhas, e os processos de amassamento e fricção. Comece com as omoplatas e trabalhe em direção aos dedos. Gaste mais tempo com as articulações – ombro, cotovelo, pulso, dedo – do que com a musculatura intermediária. Depois de massagear um braço inteiro, flexione o cotovelo e gire a articulação do ombro; faça um movimento cruzado pelo braço abaixo até os dedos. Termine massageando cada dedo independentemente e depois passando suavemente uma gota de óleo em cada unha. Concluída a massagem nos dois braços, cubra novamente o receptor com um lençol de linho ou uma toalha, e descanse por 10 minutos.

Ombros e Pescoço (massagem de 5 minutos; descanso de 5 minutos)

Aplicando uma pressão um pouco mais forte do que a suportável, massageie da articulação do ombro até o pescoço, algumas vezes. Depois comprima a musculatura do pescoço, trabalhando da base do mesmo até o occipital. Repita esses passos, esfregando óleo nos músculos até que seja absorvido. Não trabalhe nos ombros e no pescoço por mais de 5 minutos. Esse segmento poderá ser seguido de um período opcional de relaxamento de 5 minutos.

Rosto (massagem de 30 minutos; descanso de 10 minutos)

Peça ao receptor que deite-se de costas. Escolha uma das seguintes fórmulas faciais: uma pequena quantidade da fórmula básica de óleo, a fórmula facial de leite cru, ou do creme com leite cru. Use somente uma delas e use-a todas as vezes durante o tratamento de quarenta dias. Em seguida à massagem facial, o praticante poderá aplicar uma máscara. Assim que começar a secar, a máscara deverá ser removida e poderá ser aplicado o creme de cera de abelhas.

Comece esfregando a fórmula facial escolhida no maxilar inferior e no queixo por 3 minutos, para permitir que os nutrientes sejam absorvidos pela pele. A pressão suave com as palmas das mãos no maxilar inferior e no queixo é útil para aliviar a tensão. Então friccione ambas as maçãs do rosto em círculos concêntricos que se expandem gradualmente, para melhorar a circulação e ajudar a remover as rugas. As maçãs do rosto poderão ser beliscadas, comprimidas e puxadas suavemente, algumas vezes, com as pontas dos dedos. Peça ao receptor que respire profundamente segurando o ar, fazendo com que as maçãs do rosto se expandam suavemente. A massagem dessa área poderá prosseguir até a região da articulação temporomandibular, na frente da orelha. Todas as partes do rosto em que houver o desenvolvimento de rugas deverão ser erguidas pelos dedos e friccionadas. As rugas tendem a se formar perto do nariz e ao redor dos olhos, da testa e dos lábios. O capim *Husne yusuf* é um remédio fantástico para eliminar rugas. Ele poderá ser transformado numa pasta simples usando-se um almofariz e um pilão com um pouco de leite, e aplicado diretamente ou usado como parte de uma fórmula (veja a máscara de amêndoas e creme, na página 133).

Saindo das maçãs do rosto e do osso do maxilar, friccione levemente o nariz, depois pressione suavemente a área ao longo das pálpebras fechadas e glóbulos oculares. Apalpar os olhos por alguns minutos pode ajudar a induzir um relaxamento profundo. Depois segure ambas as sobrancelhas entre o polegar e o dedo indicador de cada uma das mãos e pressione-as suavemente ao longo das suas curvaturas.

Como a testa registra nossos pensamentos e emoções desagradáveis, ela, muitas vezes, apresenta rugas. O praticante deverá erguer levemente a pele da testa e depois fazer uma massagem em pequenos círculos ao redor da testa.

A massagem do rosto culmina com uma massagem pesada dos lábios, com creme. O ideal é usar movimentos circulares com a ponta do dedo (em sentido horário, com a mão direita, e anti-horário com a esquerda). Esses pequenos círculos poderão também ser aplicados às maças do rosto, ao nariz e à testa. Pouco antes de cobrir o receptor com o lençol ou toalha, coloque uma gota de água de rosas pura, que foi armazenada num local fresco e num frasco azul, em cada um dos seus olhos. Certifique-se de que a água de rosas seja pura – isto é, água destilada de pétalas de rosa, e não a água destilada geralmente encontrada, à qual foram acrescentadas algumas gotas de essência de rosas. Esta última não é boa para os olhos.

Dicas Úteis

As práticas seguintes suplementarão os efeitos do tratamento de beleza e devem continuar depois que a sessão de quarenta dias estiver completa. À noite, antes de dormir, os pés devem ser massageados, durante dez minutos no mínimo, cada um. O malai, a película do leite fervido, deverá ser suavemente esfregada no rosto durante 10 minutos antes da pessoa ir dormir. De manhã essa película deverá ser simplesmente lavada com água morna. Os olhos deverão ser lavados com água fresca de fonte ou de bica, à qual foram acrescentadas algumas gotas de água de rosas. Além de melhorar a visão, refresca os olhos. A água de rosas e a água fria são refrescantes, e os olhos precisam ser refrescados para ficarem fortes. Nas terapêuticas naturais, os olhos são fortalecidos através da aplicação de compressas frias e úmidas. Depois do tratamento dos olhos , pode-se aplicar um creme de cera de abelha no rosto (veja páginas 133-34).

No rosto só deverão ser usados cremes feitos de ervas e óleos puros e cera de abelha; os cosméticos sintéticos, hidradantes e sprays deverão ser abandonados. Geralmente o rosto deverá ser lavado com água a temperaturas mais baixas do que as do corpo. No banho, deve-se evitar a água quente na cabeça, rosto e olhos.

Tratamentos Especiais

Banhos de Argila

No tratamento de banhos com argila, o corpo deverá ser coberto da cabeça aos pés com uma pasta de argila úmida. Antes de ficar totalmente seca, a argila deverá ser retirada com as pontas dos dedos do praticante. Então o corpo será friccionado suavemente. Quando não restar nenhum sinal de argila, o receptor deverá assumir a postura shavasana durante 40 minutos (veja página 55). Seguem-se uma fricção do corpo inteiro com óleo e um banho de chuveiro, com água morna.

Unguento

O unguento é uma pasta feita de nozes ou farinha à qual foram adicionados outros ingredientes, como óleo e especiarias. Na Índia o unguento é usado como parte da massagem cerimonial realizada antes do casamento. Tanto o noivo quanto a noiva recebem uma massagem de unguento antes da cerimônia, em suas respectivas casas. Além de relaxá-los, isso lhes confere também um brilho saudável.

Os sabonetes disponíveis no comércio geralmente retiram da pele os óleos e as substâncias naturais. Eles também ressecam os poros. Como o unguento é feito de ingredientes naturais e nutrientes, ele nos confere uma forma maravilhosa de limpar a pele e deve ser usado sempre no lugar dos sabonetes. O açafrão da Índia nas fórmulas de unguentos fornece o iodo, de uma forma em que pode ser absorvido diretamente pela pele. A farinha e o óleo do unguento servem para limpar e lubrificar. A farinha de grão de bico é especialmente benéfica para a pele e os óleos, em geral produzem um brilho suave e saudável.

Inicialmente a pasta elimina o excesso de calor do corpo ou do rosto. Depois que a pasta começa a secar, o movimento de fricção usado para removê-la restaura a temperatura normal do corpo, melhora a circulação, e traz energia fresca à superfície da pele.

O unguento pode ser aplicado ao rosto, à parte superior do corpo ou ao corpo inteiro.

Depois de remover a pasta de unguento facial, respingue água fria no rosto, adicionando-lhe antes algumas gotas de água de rosas. Depois enxágue com água morna (que deve conter algumas gotas do suco de um limão recém-espremido, se assim o desejar). Seque o rosto dando ligeiras palmadinhas, e aplique suavemente um pouco de creme de cera de abelha.

Numa unção no corpo, deve-se tomar um banho de água fria ou morna uma hora depois da remoção da pasta do corpo. Pode ser acrescentada, à água do banho, um pouco de suco fresco de limão. No inverno pode ser tomado um banho de sol no intervalo entre a unção e o banho. No entanto, o rosto deverá ser protegido contra o sol direto. Na privacidade de um jardim interno deve-se tomar sol durante os períodos de relaxamento, mas não por mais de 20 minutos.

Em seguida apresentamos as receitas para as fórmulas de unguentos. Da fórmula #1 até a fórmula #5, misture os ingredientes acrescentando água suficiente até formar uma pasta grossa. Nas fórmulas #6 e #7, siga as instruções.

Fórmula de Unguento #1: *Para uma massagem de corpo inteiro*

Essa fórmula é suficiente para um ubtan de corpo inteiro.

1 ½ colheres de chá de óleo de mostarda
4 colheres de sopa de farinha de grão de bico
1 colher de chá de pó de açafrão da Índia.

Fórmula de Unguento #2: *Para uma pele suave e com brilho*

Essa fórmula produz uma pasta suficiente para cobrir o corpo inteiro.

1 ½ colheres de chá de óleo de amêndoas ou de mostarda
4 colheres de sopa de farinha de grão de bico
1 colher de chá de pó de açafrão da Índia
1 colher de sopa de pó de feno-grego.

Fórmula de Unguento #3: *Para o reumatismo*

Aplique em locais doloridos.

1 ½ colheres de chá de óleo de oliva
1 ½ colheres de chá de pó de feno-grego
¼ colher de chá de óleo de mostarda
¼ colher de chá de pó de alho
4 colheres de sopa de farinha de grão de bico
1 colher de chá de pó de açafrão da Índia.

Fórmula de Unguento #4: *Para espinhas*

Esta fórmula é suficiente para várias aplicações faciais. Aplique diretamente na espinha.

1 ½ colheres de chá de pasta de chiraunji (noz)
1 ½ colheres de chá de casca seca de laranja, em pó
1 ½ colheres de chá de óleo de coco

1 colher de sopa de óleo de germe de trigo
1 colher de chá de pó de açafrão da Índia
2 colheres de sopa de farinha de grão de bico
uma pitada de pó de cânfora orgânica.

Fórmula de Unguento #5: *Para o corpo inteiro*

Essa fórmula é suficiente para o corpo inteiro.

4 colheres de sopa de farinha de grão de bico
2 colheres de sopa de óleo de mostarda ou amêndoas
1 colher de chá de pó de açafrão da Índia
1 colher de chá de pó de feno-grego
1 colher de chá de óleo de germe de trigo
¼ de colher de chá de óleo de rosas.

Fórmula de Unguento #6: *Para o rosto*

Esta fórmula fornece o suficiente para uma aplicação facial.

1 colher de sopa de pasta de amêndoas
1 colher de sopa de pasta de caju
1 ½ colher de chá de pasta de pistache
1 colher de sopa de malai (película do leite fervido)
1 colher de sopa de óleo de germe de trigo
1 colher de sopa de água de rosas
¼ de xícara de pasta de lentilha vermelha (veja máscara facial de lentilhas à página 132)
Farinha de grão de bico (para engrossar).

Deixe de molho na água separadamente as amêndoas, os cajus, e os pistaches com casca, durante a noite, bem tampados. De manhã elimine a água de cada vasilha e remova a pele das amêndoas. Usando um almofariz e um pilão, faça a quantidade necessária de pasta, de cada uma das nozes.

Misture todos os ingredientes até que adquiram a consistência de um iogurte. Para engrossar, acrescente um pouco de farinha de grão de bico.

A fórmula deve ficar na geladeira por 24 horas; depois disso, a farinha e a pasta de nozes poderão azedar. Faça o suficiente para um único tratamento.

Fórmula de Unguento #7: *Para deixar a pele com brilho*

O método a seguir, de produção de pasta de unguento está mencionado numa escritura conhecida como Vanaushadi Chandrodaya. *Esta receita fornece o suficiente para um unguento de corpo inteiro.*

¼ de xícara de sementes de mostarda amarela ou branca
2 xícaras de leite.

Misture as sementes de mostarda e o leite numa vasilha e leve ao fogo até ferver. Abaixe o fogo e mexa até que o leite tenha evaporado completamente. Coloque as sementes de mostarda fervidas ao sol, ou junto a um aquecedor de ambientes para secar. Quando estiver totalmente seco, faça um pó das sementes, num almofariz, e armazene num frasco de vidro.

Para fazer uma máscara de unguento para o rosto, misture 3 colheres de sopa (rasas) das sementes de mostarda secas ao sol com uma pequena quantidade de leite cru. Misture num almofariz até que se forme uma pasta da consistência de um iogurte.

Esta fórmula deverá ficar na geladeira por 24 horas. Depois desse período o leite cru poderá azedar.

FÓRMULA DE UNGUENTO #8: *PARA LIMPAR O ROSTO E DIMINUIR AS RUGAS*

1 limão (em suco)
1 colher de sopa de óleo de germe de trigo
¼ xícara de farinha de trigo integral

Misture o suco do limão e o óleo de germe de trigo. Acrescente farinha até que se forme uma pasta com a consistência de iogurte. Use como máscara facial. Esta fórmula se conservará na geladeira durante 36 horas. Depois disso a farinha fermentará.

FÓRMULAS E MÁSCARAS

FÓRMULA BÁSICA DE ÓLEO

2 xícaras de óleo de gergelim
½ xícara de óleo de amêndoas
½ xícara de óleo de germe de trigo
1/3 xícara de óleo de sândalo.

Agite bem e coloque ao sol, num frasco de vidro claro, durante 40 dias. Guarde num local fresco e seco.

MÁSCARA FACIAL DE LENTILHAS

½ xícara de lentilhas vermelhas
2 xícaras de leite.

Deixe as lentilhas de molho durante a noite. Na manhã seguinte, amasse a mistura até formar uma pasta, sem adicionar água ou leite. Aplique a pasta no rosto. Antes de secar completamente, retire-a com cuidado com as pontas dos dedos. Enxágue o rosto com água morna e esfregue-o suavemente com uma toalha úmida para estimular a circulação.

FÓRMULA FACIAL DE LEITE CRU

¼ xícara de leite cru
1 colher de chá de óleo de amêndoas

Misture bem o óleo e o leite cru e passe no rosto, fazendo uma massagem. Como leva algum tempo para que o óleo seja absorvido, as aplicações poderão ser feitas em etapas. A mistura poderá ser guardada na geladeira nos intervalos das aplicações.

Fórmula Corporal de Leite Cru

1 xícara de leite cru
½ colher de chá de óleo de amêndoas
½ colher de chá de óleo de germe de trigo.

Junte tudo, misture bem e aplique.

Máscara de Amêndoas e Creme

1 xícara de creme de leite (o ideal é o de leite cru)
1 xícara de sementes de mostarda amarela
7 amêndoas
água (para deixar a mistura de molho)
1 colher de chá de capim husne yusuf*.

Dois dias antes do tratamento, deixe as sementes de mostarda de molho no creme de leite durante a noite. Se for preciso, acrescente um pouco de leite cru para aumentar o volume. Na manhã seguinte, ferva a mistura até que o creme evapore completamente. Deixe as sementes secarem ao sol. Coloque de lado. (Prepare sementes em número suficiente para várias aplicações).

Uma noite antes do tratamento, deixe de molho as amêndoas, em água, a noite toda. Pela manhã, descasque-as e transforme-as numa pasta num almofariz. Depois triture, no almofariz, 2 a 3 colheres de sopa das sementes de mostarda secas ao sol, até se transformarem em pó; isto deverá render cerca de 1 colher de sopa de pó. (Coloque o restante das sementes de mostarda secas ao sol num frasco de vidro bem tampado e guarde num local fresco, seco e escuro).

Numa pequena vasilha, misture as sementes de mostarda em pó, capim em pó, e a pasta de amêndoas. Aplique a pasta no rosto, e antes de secar completamente, retire-a suavemente com as pontas dos dedos. Enxágue o rosto com água morna e esfregue-o levemente com uma toalha úmida para estimular a circulação sanguínea.

Creme de Cera de Abelhas

2 colheres de sopa de óleo de gergelim
2 colheres de sopa de óleo de coco
1 colher de sopa de óleo de mostarda
4 colheres de sopa de cera de abelha purificada

* Husne Yusuf é um tipo de capim da Pérsia que pode ser comprado em lojas que vendem ervas ayurvédicas ou unani.

1 colher de sopa de óleo de amêndoas
1 colher de sopa de óleo de germe de trigo
¾ colher de sopa de óleo de sândalo
¾ colher de sopa de óleo de rosas (opcional).

Aqueça os óleos de gergelim, de coco e de mostarda numa frigideira. Liquefaça a cera de abelha e adicione-a aos óleos. Retire do fogo, e quando a mistura começar a esfriar, junte os óleos de amêndoas e de germe de trigo e mexa. Acrescente o óleo de sândalo (e de rosa, se quiser, que suaviza e nutre o coração) e misture bem. Quando a mistura estiver totalmente fria, coloque num frasco de vidro claro. Essa fórmula produz o suficiente para uma pessoa usar diariamente durante 6 meses.

Esse creme deve ser usado em seguida a qualquer limpeza de pele. Ele fornece nutrientes necessários à pele e é útil para curar feridas, cortes, mordidas, queimaduras e mesmo assaduras. É igualmente eficaz tanto nos recém-nascidos quanto nos idosos. A cera de abelha protege o rosto de mudanças de clima, de poluição, de poeira, e não obstrui os poros. Além disso, elimina rugas, cura espinhas e ressecamento da pele, e suaviza a pele áspera.

Remédios para os Olhos

O Kajal é um remédio muito popular para os olhos, muitas vezes feito nos campos, na Índia, a partir dos depósitos de carvão da lâmpada de "ghee". Para prepará-lo, as pessoas queimam um chumaço de algodão numa lâmpada de ghee e passam uma placa limpa de prata (ou bronze) ou então uma colher sobre a chama. Os depósitos de carvão são então recolhidos e misturados com uma pequena quantidade de "ghee" e uma pitada de cânfora orgânica*. O resultado final, uma pasta espessa com a consistência de um batom, é guardada em pequenas caixas de prata. (A prata é ideal porque não permite o crescimento de bactérias). O Kajal também pode ser feito queimando-se um chumaço de algodão em óleo de mostarda. Este procedimento é comum na Índia e o carvão recolhido do óleo de mostarda é muito terapêutico.

Para aplicar o Kajal, toque levemente a pasta com a pontinha do seu dedo anular. Quando uma pequena quantidade aderir à ponta do dedo, aplique-o cuidadosamente ao longo de cada uma das pálpebras. O Kajal dá brilho aos olhos, fazendo com que pareçam mais proeminentes e belos, mas o mais importante são as suas propriedades medicinais; pode curar muitas doenças oculares, assim como melhorar a visão e manter os olhos sadios. Pode-se sentir uma tênue queimadura e um leve lacrimejar, causados por uma reação química que na verdade fortalece os olhos. A cânfora é refrescante e também excita as glândulas lacrimais, ajudando os olhos a se manterem sadios.

O Kajal deve ser aplicado nos olhos diariamente depois de se lavar o rosto pela manhã. Os homens devem aplicá-lo antes de ir dormir à noite.

* Se assim o desejar, você poderá adicionar algumas gotas de óleo de neem ao "ghee".

Na Índia, os homens, as mulheres e crianças de todas as idades, inclusive recém-nascidos, usam o Kajal. No entanto a cânfora não é adicionada nas fórmulas para crianças. As crianças usam o kajal do sexto dia após o nascimento até os seis anos de idade para proteger os olhos. O Kajal manufaturado pode ser encontrado em muitas lojas de produtos indianos e naturais no Ocidente.

O Surma é outro remédio ocular bastante popular na Índia atualmente. É um colírio em pó feito a partir da trituração do antimônio numa pedra, com algumas ervas. Também podem ser usados pós de gemas preciosas, como pérolas, esmeraldas e safiras azuis. O Surma produz quase os mesmos efeitos benéficos à saúde produzidos pelo Kajal. Os muçulmanos usam-no por razões religiosas – o próprio profeta Maomé usava Surma, que é aplicado nas pálpebras com uma haste especial de prata ou zinco.

Apêndice

Os Marmas e Suas Posições

adhipati: topo da cabeça

ani: acima e ao lado do joelho

ani: interior do braço, logo acima do cotovelo

ansa phalak: omoplatas

ansa: ombros

apalapa: acima e ao lado das axilas

apanga: canto externo do olho

apastambha: entre o mamilo e o esterno

avarta: canto externo da sobrancelha

guda: ponta do osso da cauda

gulpha: articulação do tornozelo

hridayam: osso xifóide

indravasti: centro da barriga da perna

indravasti: meio do antebraço

janu: articulação do joelho

kakshadhara: axila

katika tarunam: base das nádegas e da bacia pélvica

krikatikas: base do crânio

kshipra: entre o primeiro e segundo artelhos

kshipra: entre o polegar e o primeiro dedo

kukundaraya: articulação sacroilíaca

kurchshira: calcanhar (posterior) e lateral externa do pé (anterior)

kurchshira: meio da articulação do pulso na base do polegar e logo abaixo do dedo mínimo.

kurpara: parte interna da articulação do cotovelo.

kuruchcha: parte superior do pé

lohitaksha: região inguinal

lohitaksha: prega axial

manibandha: articulação do pulso

manya dhamni: lateral da glândula tireóide

nabhi: umbigo

neel dhamni: frente da laringe

nitamba: ângulo externo da fossa ilíaca

parshva sandhi: acima do katika tarunam, na cintura superior

phana: lateral de cada narina

shankh: têmpora

simantakas: articulação dos ossos do crânio

siramatrika: artérias des cada lado do pescoço

sringataka: no palato mole

stanmula: abaixo do mamilo

stanrohita: acima do mamilo

sthapni: terceiro olho

tahlridaya: centro da sola do pé

tahlridayam: centro da palma da mão

urvi: meio da coxa

urvi: meio do antebraço

utkshepa: acima da orelha

vastih: clavícula

vidhuram: abaixo das orelhas

vitapam: raiz da próstata

vrihati: ambos os lados da 10ª vértebra torácica

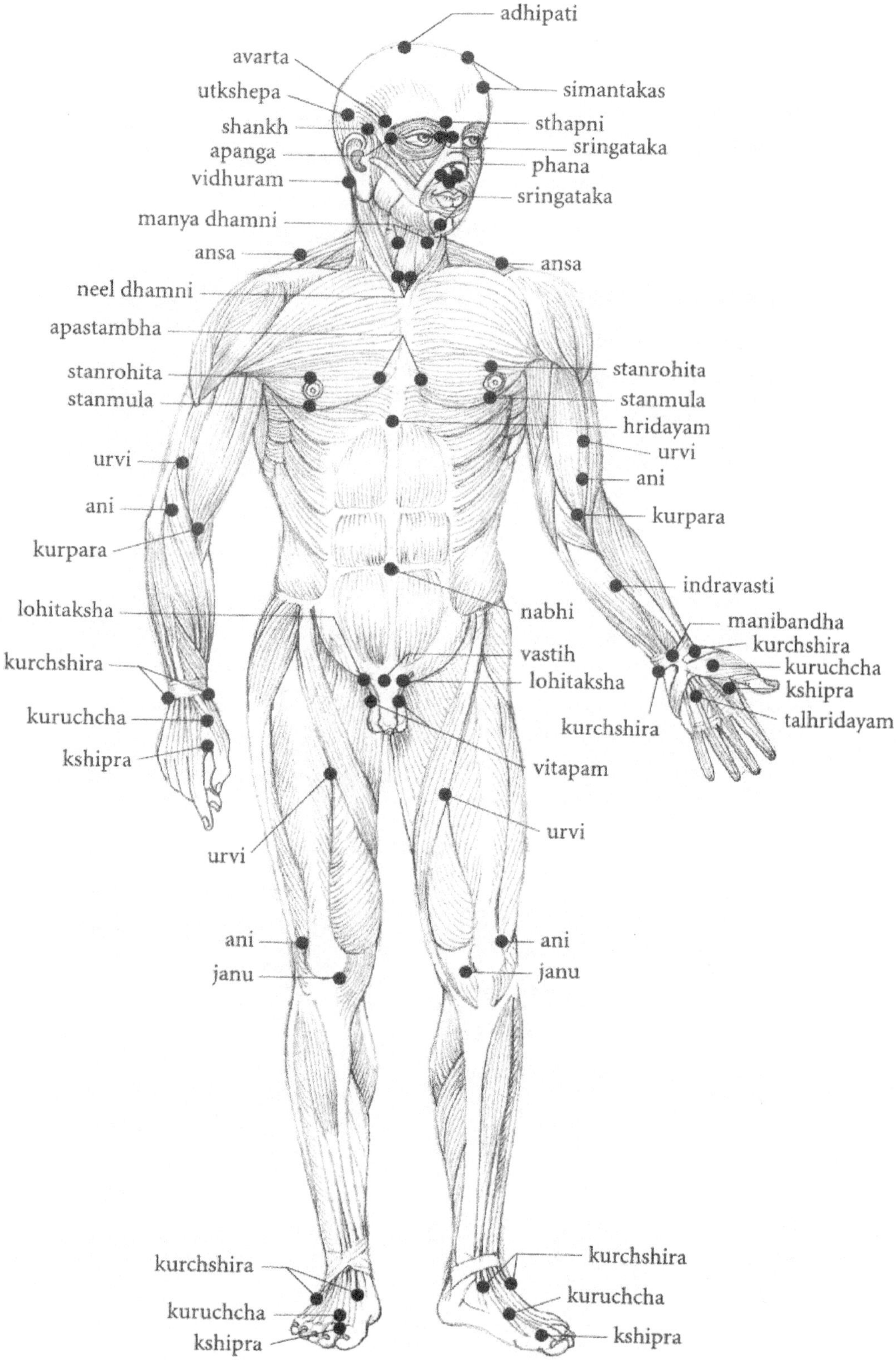
adhipati
avarta
simantakas
utkshepa
shankh
sthapni
apanga
sringataka
phana
vidhuram
sringataka
manya dhamni
ansa
ansa
neel dhamni
apastambha
stanrohita
stanrohita
stanmula
stanmula
hridayam
urvi
urvi
ani
ani
kurpara
kurpara
indravasti
lohitaksha
nabhi
manibandha
kurchshira
vastih
kurchshira
lohitaksha
kuruchcha
kshipra
kuruchcha
talhridayam
kurchshira
kshipra
vitapam
urvi
urvi
ani
ani
janu
janu
kurchshira
kurchshira
kuruchcha
kuruchcha
kshipra
kshipra

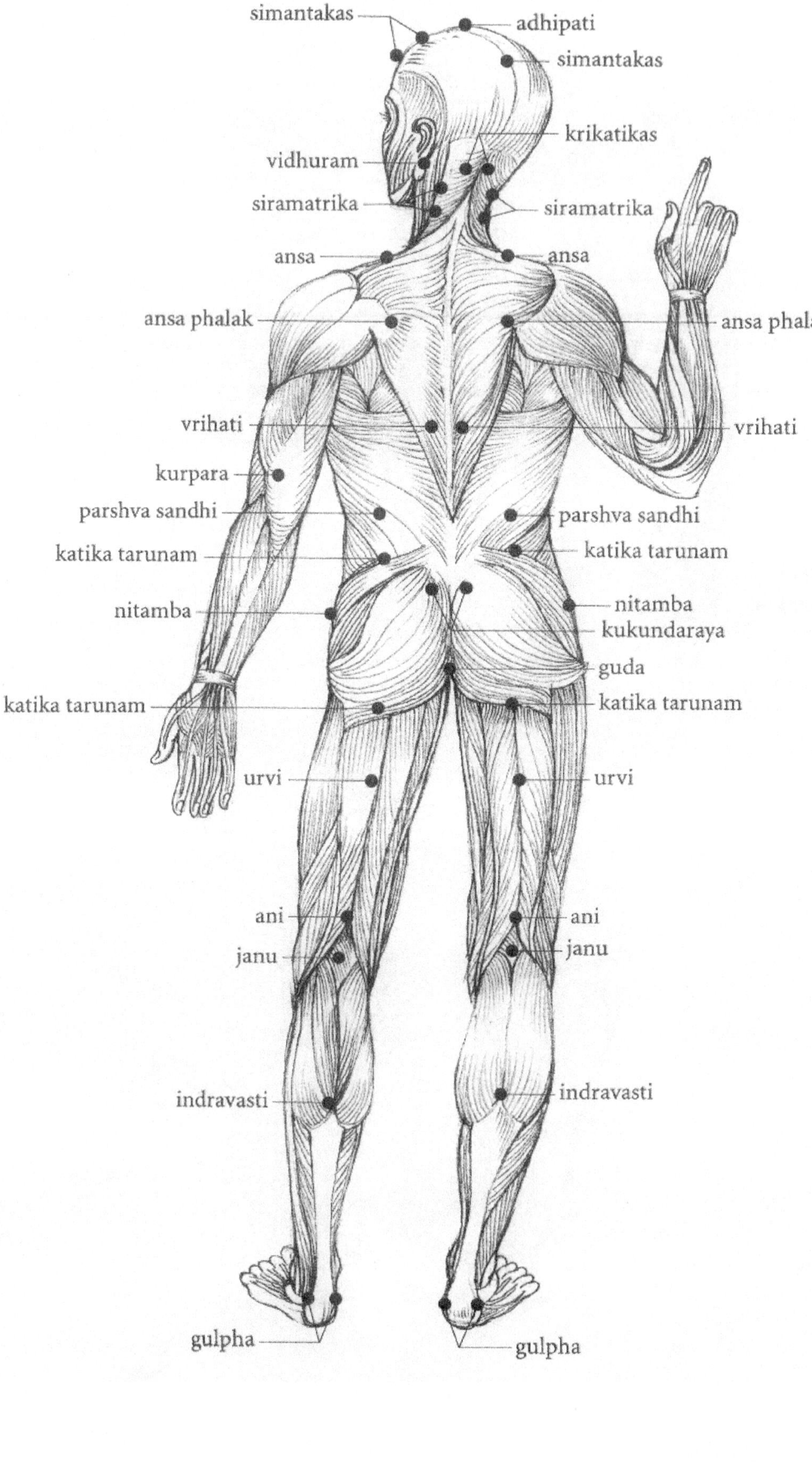
simantakas
adhipati
simantakas
krikatikas
vidhuram
siramatrika
siramatrika
ansa
ansa
ansa phalak
ansa phal
vrihati
vrihati
kurpara
parshva sandhi
parshva sandhi
katika tarunam
katika tarunam
nitamba
nitamba
kukundaraya
guda
katika tarunam
katika tarunam
urvi
urvi
ani
ani
janu
janu
indravasti
indravasti
gulpha
gulpha

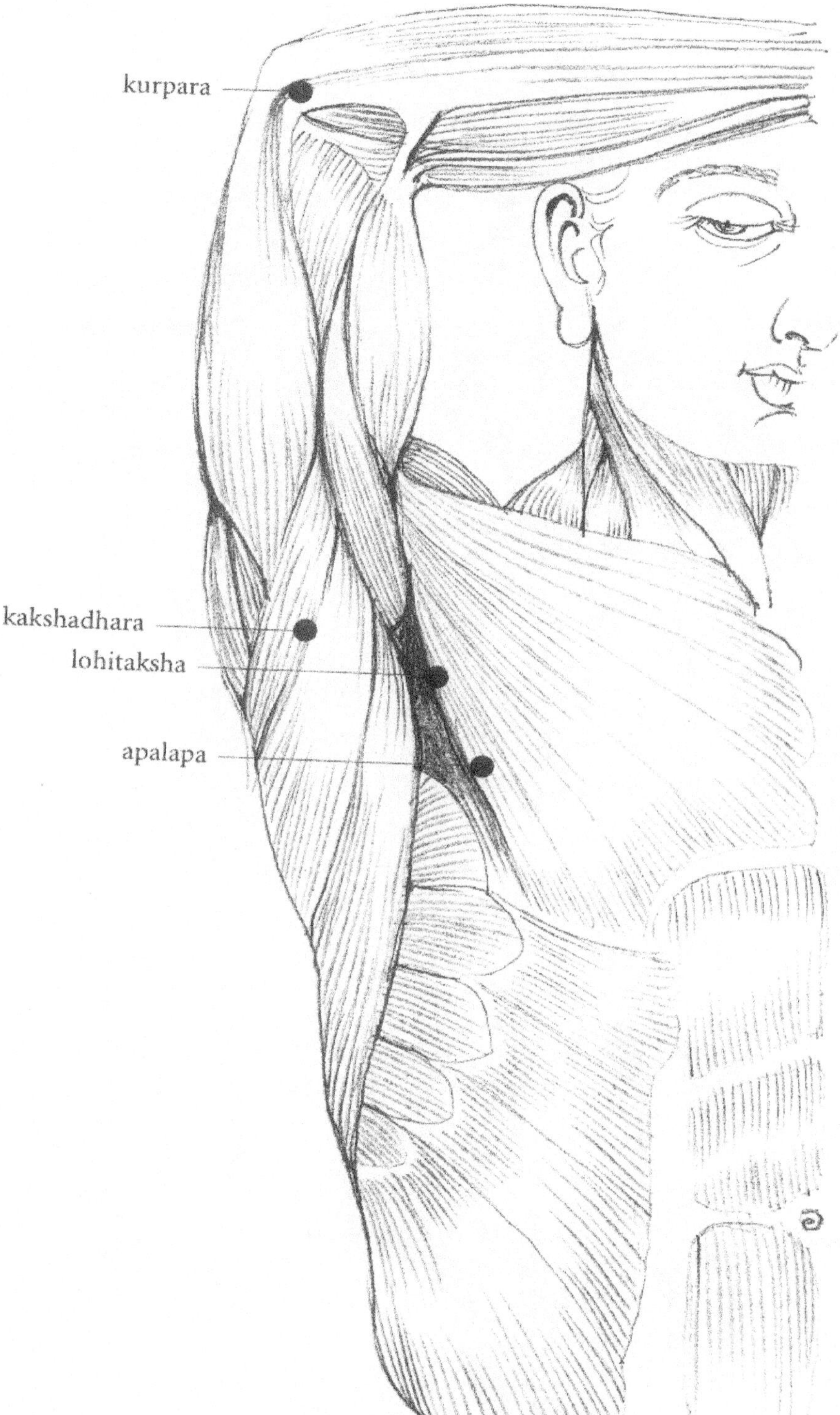
kurpara
kakshadhara
lohitaksha
apalapa

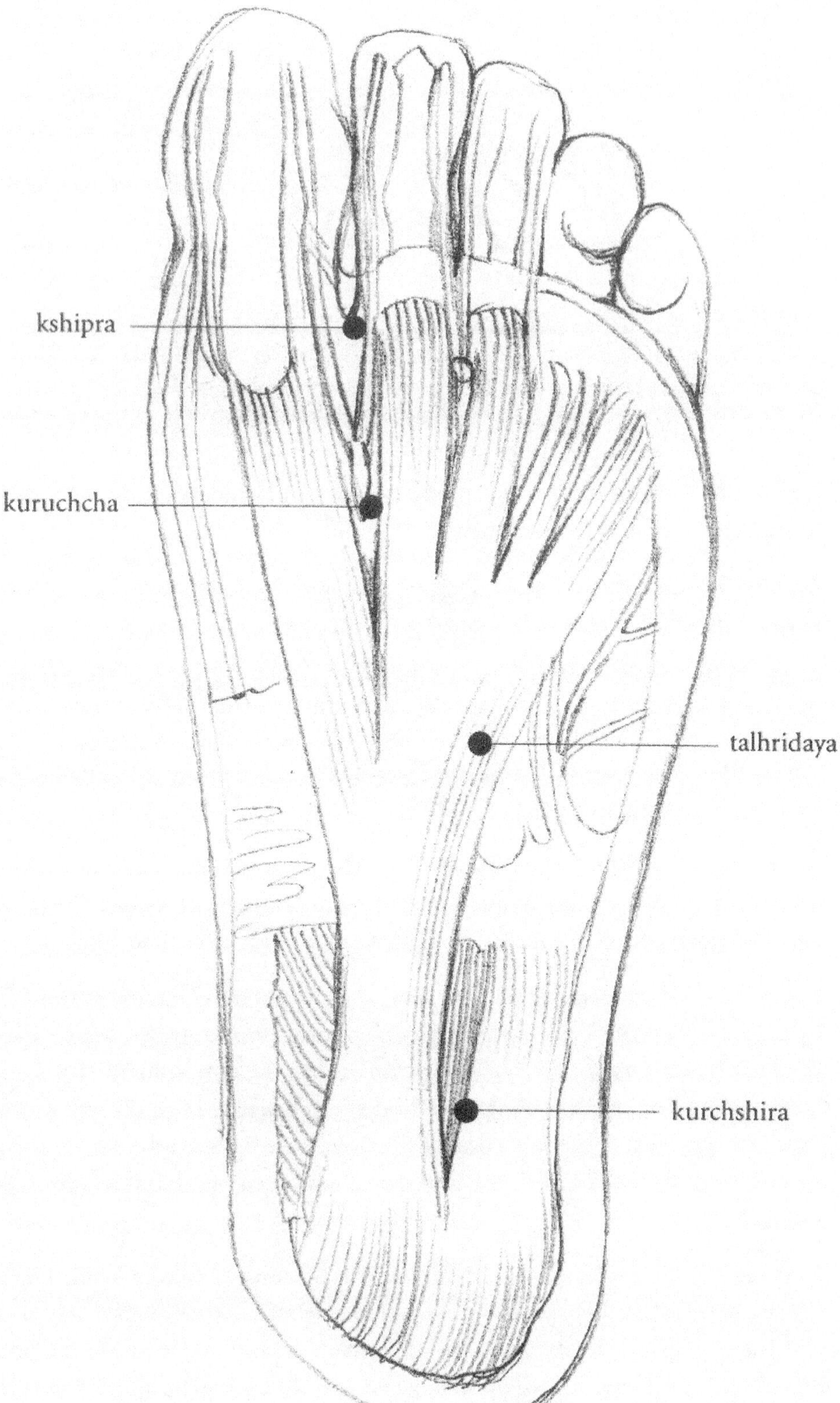
kshipra
kuruchcha
talhridaya
kurchshira

Glossário

Nas definições, as palavras que estão em negrito estão definidas em outro local do glossário.

Agni – o elemento do fogo. Um dos elementos constituintes (junto com ***apah***, ou água) do temperamento ***pitta.***

Akash – o elemento do espaço. Um dos elementos constituintes (junto com ***vayu*** ou ar) do temperamento ***vata.***

Apah – o elemento da água. Um dos elementos constituintes (junto com ***agni*** ou fogo) do temperamento ***pitta.***

Asthi – ossos e dentes. Considerado um dos sete principais constituintes, ou ***dhatus***, do corpo humano.

Ayurveda – *ayu* (vida), *veda* (conhecimento). A antiga ciência indiana do "conhecimento da vida" ou do "viver correto" para o bem-estar físico e mental. Os princípios da Ayurveda estão baseados nas escrituras védicas que remontam a 3000 a.C.

Brahmand – a moleira (ponto mole) no topo do crânio, também conhecido pelos yogues como o décimo portal. O brahmand absorve energia prânica, radiação solar, e outras formas de energia sutil presentes na atmosfera. Acredita-se que este ponto, localizado oito dedos acima do terceiro olho, seja o berço do "eu". Anatomicamente o brahmand é o espaço oco entre os dois hemisférios cerebrais. Ele está no caminho direto da energia ***kundalini*** que flui através do ***sushumna.***

Chakras – são os sete centros de atividade da força vital (prana), definidas, no nível físico, ao longo da coluna vertebral, e interligados com o sistema nervoso e as glândulas endócrinas. Esses centros sutis de consciência são o elo entre a fonte universal de inteligência e o corpo humano. Cada chakra está associado a um estado de consciência em particular. Os chakras funcionam em consonância uns com os outros; quando esse sistema de energia está funcionando bem, a pessoa se sente saudável e com vitalidade no corpo e na mente. Por causa de suas correlações, no plano físico, com a espinha, o sistema nervoso e as glândulas endócrinas, os chakras podem ser influenciados pela massagem.

Dharma – virtude religiosa.

Dhatus – os sete constituentes do corpo humano, responsáveis pela manutenção das funções dos órgãos, sistemas e partes vitais do ser físico. Os sete dhatus são: ***rasa*** (fluidos, hormônios, linfa); ***rakta*** (sangue); ***mansa*** (carne, músculos e cútis); ***medha*** (gordura); ***asthi*** (ossos e dentes); ***majja*** (tutano); e ***shukra*** (sêmen, fluidos vaginais). A força proveniente dos dhatus nos dá a tolerância, a indulgência e a paciência.

Doshas – os três humores corporais ou temperamentos. Eles são ***vata*** (vento), ***pitta*** (bile) e ***kapha*** (muco).Os doshas se constituem na natureza química de todos os organismos vivos. Os três doshas produzem vários temperamentos (prakriti) e tipos físicos, dependendo de sua proporção em cada indivíduo. Algumas pessoas são claramente dominadas por um dos três doshas, enquanto outras são dominadas por várias combinações. A Ayurveda aconselha a ingestão de alimentos e a prática de outras atividades que equilibram as características intrínsecas do dasha dominante, para não aumentar ou agravar a condição existente. É essencial haver um equilíbrio harmonioso entre os três doshas, para a manutenção do bem-estar físico e mental.

Ghee – às vezes chamado de manteiga clareada, o ghee é feito transformando-se o iogurte em manteiga, que é então derretida até que os elementos sólidos do leite se depositem no fundo da panela. A manteiga é retirada da parte de cima e usada para massagens, para cozinhar, e outras aplicações.

Gunas – os três princípios fundamentais contidos em todas as formas do Universo. Esses princípios representam o processo evolutivo natural através do qual o sutil se torna denso. Estes princípios são ***sattva*** (essência, correspondente a ***pitta***), ***rajas*** (atividade, correspondente a ***vata***) e ***tamas*** (inércia, correspondente a ***kapha***). Estas são as três diferentes fases pelas quais passa tudo o que existe. Observando as próprias ações e transformações, podemos, com a ajuda do conhecimento dos gunas, assumir a responsabilidade do desenvolvimento do nosso próprio ser. Com um olhar observador sobre nossos próprios hábitos – de nutrição, de sono, sexuais – e nossos padrões de respiração, podemos descobrir mudanças internas criadas por coisas como alimentos, cores e sons. Nossas próprias percepções são o guia mais claro dos funcionamentos dos gunas em nosso interior.

Hakim – Um médico do sistema Unani (grego) de medicina, que assim como a Ayurveda utiliza os três humores, os pontos de pressão, as ervas, as ervas aromáticas, os óleos e outras técnicas naturais para o bem-estar.

Hatha yoga – Um yoga baseado em posturas físicas para uma consciência integrada de corpo e alma.

Kapha – um dos ***doshas*** ou temperamentos primários formados pelos elementos da água e da terra.

Kundalini – "o poder da serpente", uma energia espiritual adormecida na base da espinha, até que seja despertada através de práticas do yoga. A energia kundalini despertada sobe através do ***sushumna*** e passa pelos seis primeiros chakras antes de atingir seu ápice final, o sétimo chakra no ***brahmand.*** Quando isso acontece, as atividades da mente ficam totalmente suspensas. Perde-se qualquer noção de tempo e espaço, e as identificações e falsas noções do mundo fenomenal se desfazem.

Majja – Tutano. Considerado um dos sete principais constituintes, ou ***dhatus,*** do corpo humano.

Mansa – Carne, músculos e cútis. Considerado um dos sete principais constituintes, ou ***dhatus***, do corpo humano.

Marmas – Pontos de pressão no sistema Ayurveda de massagem, localizados nas junções firmes dos cinco princípios orgânicos: ***sira*** (vasos), ***mansa*** (músculos), ***sanyu*** (ligamentos), ***asthi*** (ossos), e ***sandhi*** (juntas). Essas junções formam os berços da força vital ou prana. Nessas junções, as quatro classes de ***sira*** (vasos) – nervos, linfa, artérias e veias – entram no organismo para transportar nutrientes e umidade aos músculos, ligamentos, ossos e articulações.

Medha – Gordura. Considerado um dos sete principais constituintes, ou ***dhatus***, do corpo humano.

Meru danda – coluna vertebral.

Mudras – Posturas das mãos, usadas tradicionalmente nas danças sagradas indianas.

Muqame makhsoos – pontos de pressão (Unani).

Nadi – Uma rede fina de nervos sutis ligados aos chakras. Através desses nervos sutis as energias prânica e psíquica são absorvidas e descarregadas.

Óleo kaddu – óleo extraído da semente de abóbora.

Óleo maharayana – Um óleo medicinal extraído de várias plantas.

Óleo til – Óleo extraído de sementes de gergelim. O óleo til é usado frequentemente na massagem ayurvédica.

Panchakarma – Uma técnica especial de massagem ayurvédica para a purificação.

Pitta – Um dos ***doshas*** primários ou temperamentos formado pelos elementos fogo e água.

Prakriti – O princípio criativo personificado como Shakti, a Mãe Divina. Prakriti também refere-se ao temperamento individual ou ***dosha,*** determinado na concepção e imutável ao longo de toda a vida. O prakriti é o padrão químico básico sobre o qual o organismo foi construído.

Prana - Força vital. A massagem Ayurveda aumenta o fluxo de prana no corpo.

Prithvi – O elemento terra. Um dos elementos constituintes (junto com ***apah*** ou água) do temperamento ***kapha.***

Purusha – O princípio paterno.

Rajas – Um dos ***gunas***, os três princípios fundamentais contidos em todas as formas do Universo. Rajas, "atividade", corresponde a ***vata.***

Rakta - Sangue. Considerado um dos principais constituintes, ou ***dhatus***, do corpo humano.

Rasa – Fluidos, hormônios e linfa. Um dos sete principais constituintes, ou ***dhatus***, do corpo humano.

Sandhi – Articulações.

Sattva – Um dos ***gunas***, os três princípios fundamentais contidos em todas as formas do Universo. Sattva, "essência", corresponde a ***pitta.***

Shukra – Sêmen e fluido vaginal. Considerado um dos sete principais constituintes, ou ***dhatus***, do corpo humano.

Snayu – Ligamentos.

Sneha – Óleo.

Soma – O princípio lunar do organismo.

Srotas – Canais do corpo conectados aos ***marmas*** e aos órgãos internos, através dos quais os materiais nutrientes são levados aos vários tecidos do corpo. De acordo com a Ayurveda, os srotas são transportadores de ***vayu*** (vento), ***pitta*** (bile), e ***kapha*** (muco), e como tais eles mantêm o organismo humano. Qualquer obstrução em seu fluxo pode gerar doenças. Através da massagem regular, a circulação dos fluidos vitais pode ser mantida.

Sushumna – O principal ***nadi*** ou canal sutil conhecido pelos yogues. Segundo os textos tântricos, o prana é transportado através do sushumna, do plexo pélvico na base da espinha até o espaço oco entre os dois hemisférios do cérebro. O sushumna passa através do ***meru danda*** (coluna); portanto, o alinhamento correto e saudável da coluna é crucial para um ótimo fluxo prânico no corpo.

Tamas – Um dos ***gunas***, os três princípios fundamentais contidos em todas as formas no Universo. Tamas, "inércia", corresponde a ***kapha.***

Tejas – O princípio do fogo no organismo.

Tratak – Fixar o olhar na chama de uma vela até os olhos lacrimejarem, uma prática terapêutica na medicina ayurvédica. É também uma prática usada para acalmar a mente na meditação.

Vaidya – Um médico ayurvédico.

Vata – Um dos três ***doshas*** primários ou temperamentos formado pelos elementos éter e ar.

Vayu – O elemento do ar/vento. Um dos elementos constituintes (junto com o ***akasha*** ou éter) do temperamento ***vata.***

Vikriti – O contrapeso do prakriti de alguém, ou temperamento individual.

Yoga swar – Um yoga baseado na ciência da respiração.

Índice Remissivo

Leia também da Editora Ground

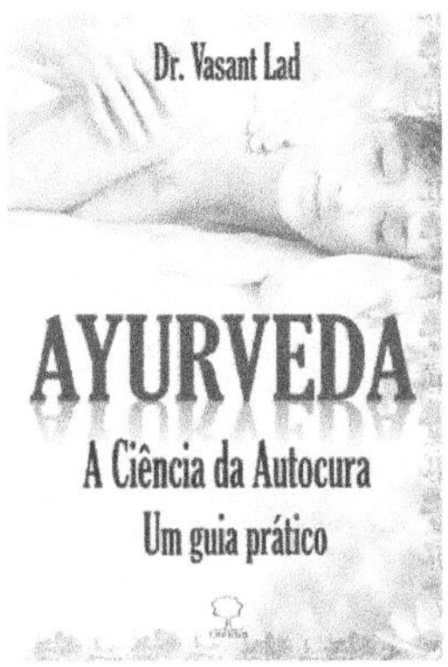

AYURVEDA - A CIÊNCIA DA AUTOCURA
Um guia prático
Dr. Vasant Lad

Este livro explica claramente os princípios e aplicações práticas da Ayurveda, o mais antigo sistema de cura do mundo. Nele são abordados minuciosamente a história e a filosofia Ayurvédica, seus princípios básicos, técnicas de diagnóstico, primeiros socorros, tratamento e dieta e o uso medicinal das ervas e temperos da culinária.
Gráficos concisos, diagramas, tabelas, glossário e índice acompanham todo o texto esclarecendo-o e tornando-o particularmente prático.

O TOQUE DA CURA
Energizando o corpo, a mente e o espírito com a arte do Jin Shin Jyutsu
Alice Burmeister com Tom Monte

Este guia, escrito com clareza impressionante, contém instruções detalhadas para a prática do *Jin Shin Jyutsu*, individualmente ou para ser aplicado a outra pessoa. Muitos exercícios são tão discretos que podem ser realizados durante uma reunião ou numa rua movimentada. Esta prática dirige-se às causas subjacentes da doença e pode ser usada com segurança como complemento de qualquer terapia ou medicação.

REFLEXOLOGIA PODAL
sua saúde através dos pés
Osni Tadeu Lourenço

A Reflexoterapia (aplicação da Reflexologia) é uma técnica capaz de avaliar e tratar distúrbios físicos e emocionais por meio de estímulos em plexos nervosos relacionados ao órgão ou à característica emocional em tratamento. Tem sido usada com sucesso por fisioterapeutas, médicos e psicanalistas e se mostrado muito eficiente no desenvolvimento do autoconhecimento.